# LETTRE

## MACÉDOINIQUE

A MM. LES CO-OPÉRATEURS DE L'OMNISANA INTITULÉ

## MAISONS HISTORIQUES DE FRANCE.

TYPOGRAPHIE DE FIRMIN DIDOT FRÈRES,
RUE JACOB, 56.

# LETTRE

## MACÉDOINIQUE

A MM. LES CO-OPÉRATEURS DE L'OMNISANA INTITULÉ

## MAISONS HISTORIQUES DE FRANCE,

où

ENTRE AUTRES MATIÈRES ON POURRA VOIR QUELQUE CHOSE DE NOUVEAU

SUR

## L'ORIGINE DE ROBERT LE FORT,

AUTEUR DE LA RACE DITE CAPÉTIENNE;

Le tout entrelardé de bribes drolatiques, généalogiques, poétiques, diplomatiques, juridiques, dynastiques, etc.;

PAR

## LE SOUSSIGNÉ,

ÉTRANGER A TOUTES LES SOCIÉTÉS SAVANTES.

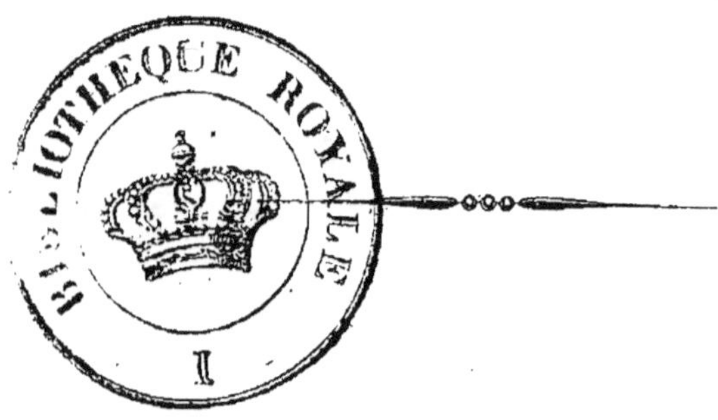

# PARIS,

TÉCHENER, LIBRAIRE, PLACE DU LOUVRE;

J. LE DOYEN, LIBRAIRE, PALAIS-ROYAL,

GALERIE NEUVE D'ORLÉANS, n° 16.

M DCCC XXXVIII.

# LETTRE MACÉDOINIQUE

A MM. LES CO-OPÉRATEURS

DE L'OMNISANA INTITULÉ :

## MAISONS HISTORIQUES DE FRANCE.

MESSIEURS,

La grande bataille suscitée vers 1830 à l'encontre du nom des anciens sires ou princes de Pons, relevé par nous comme rejeton mâle de leur maison, me semblait enfin terminée, puisque nul n'avait répondu à mon dernier feu (*Observ.* des trib., t. I, p. 385), et que ma lunette ne voyait plus personne dans le champ *de Mars*. Elle était finie, en effet, faute de combattants, comme on dit, de sorte que je ne songeais guère qu'à *pourmener* mon individu au bon soleil printanier, *dodelinant de la tête, baritonant du...*, sauf respect, et *monochordisant des doigts*, suivant la pratique de Rabelais, lorsqu'un intime vint me bourdonner à l'oreille : Ami chevalier (car, n'en déplaise au prochain, nous sommes d'ancienne chevalerie), le *dies Domini*, vulgairement nommé le dimanche, n'a pas encore lui pour toi ; je t'en gage donc à ne pas oublier ces paroles *pantagrué-liques* : « Lors il tira de sa pochette un gentil petit coutelet, dont il voulait m'égorgiller tout doucettement. »—Ah! ah! répliquai-je, est-ce que la comète nous aurait laissé sa queue? Eh bien! tant mieux : j'aime assez peu les queues, moi. Cela dit, me voilà au guet, tout en fourbissant ma vieille rapière ; mais, hélas! rien aux quatre points cardinaux. Je présumai alors qu'il s'agissait de braves paroles débitées *sous le manteau de la cheminée;* par quoi je fus attristé : car enfin, pensé-je en moi-même, qu'en résulte-t-il? de la fumée sur les toits; et comment, avec une rapière, guerroyer contre la fumée? J'en étais là, quand, vers les premiers jours du mois qui fait naître les feuilles, ainsi que l'exprime cette chansonnette d'ailleurs peu anacréontique :

> Joli mois de mai quand reviendras-tu
> M'apporter des feuilles pour........

on m'en remit *une* (pardon de l'équivoque) timbrée de votre timbre sec, portant cette suscription : *à M. le marquis* DE PONS-*la Châtaigneraye,* et contenant, entre autres bonnes choses, ces propres mots tracés en beaux caractères d'imprimerie :

LES SIRES DE PONS.

« Sires, comtes, princes étaient autrefois synonymes..... Madame la marquise de Tourzel, fille unique du dernier sire de Pons, est la seule qui représente, en 1838, cette illustre famille, etc. »

Certes, il eût fallu être bien mal organisé pour demeurer insensible à cette lecture, qui, du reste, vint m'expliquer la phrase énigmatique de mon intime. Aussi, comme la pâte dont la nature m'a pétri, sans être des meilleures, n'est pas des plus mauvaises, témoin l'aveu du valet de chambre de *Monsieur*, tel fut si peu mon fait alors, que j'éprouvai en même temps deux sensations prononcées : la première de contentement, puisqu'au lieu de vaine fumée je trouvais un *corps saisissable;* la seconde de gratitude envers les écrivains auxquels je devais cette bonne fortune. Je satisfais à celle-ci en vous priant d'agréer mon très-sincère remercîment. Quant à l'autre, nous allons voir.

Votre imprimé dit donc, messieurs, que la maison des sires de Pons est *tombée en quenouille,* et qu'à l'exclusion de tous autres, c'est madame de Tourzel, fille unique de M. son père, qui (parques à part, bien qu'on ait voulu nous *Atropostiser*) en est la bienheureuse *filandière.* Assurément vous êtes bien libres d'écrire cela ou autre chose; mais toute médaille a un revers, et le revers de la vôtre est, ce me semble, que vous avez au moins deux contradicteurs mani-

(  4  )

festes : c'est à savoir un d'entre vous et moi.
Parlons d'abord du premier point, l'alphabet et
la politesse exigeant que l'A passe avant le B.

La 3<sup>e</sup> livraison du tome II de certains *Mémoi-
res curieux*, publiés en 1830, contient un article
sur les sires de Pons, lequel article, divisé en
deux parties corrélatives, se compose du propre
texte que vous donnez aujourd'hui, sauf la phrase
sur *la fille unique*, puis de cet autre que vous ne
donnez pas :

LES SIRES DE PONS,

LES COMTES D'ASNIÈRES ET MARQUIS DE LA CHATAIGNERAYE.

« La première famille, défaillie dans la tige, vit
encore dans ses rameaux, les anciens seigneurs
d'Asnières et de la Châtaigneraye ( formés vers
1180), ainsi que l'a déclaré Chérin père, dans
un travail officiel vulgairement nommé PREUVES
DE COUR. Madame de Tourzel se considère comme
le dernier rejeton des branches cadettes des princes de Pons ; mais tout l'esprit qu'on lui accorde
peut-il prévaloir sur la science, l'exactitude, et
surtout le caractère légal du généalogiste cité ?
Qu'un tribunal prononce que la marquise de
Tourzel, née Pons, est la dernière d'une illustre
famille, une telle sentence empêcherait-elle la
décision de Chérin, confirmée par Louis XV,
d'être et de rester un VRAI TITRE ? etc. »

Mais à qui doit-on ce beau passage? est-ce à *quelqu'un* ou à vous? Dans le premier cas, attaquez l'auteur, car cet homme a pris un de vos noms; dans le second, qu'est-ce à dire? faut-il croire que la fable du Satyre et du Passant :

> L'un refroidit mon potage,
> L'autre réchauffe ma main,

est votre catéchisme ordinaire? Je sais que la nouvelle charte ne s'y oppose pas plus qu'elle ne défend d'avoir le Coran dans une poche et l'Évangile dans l'autre; mais alors vous feriez bien de biffer ces très-méchants vers :

> Arrière ceux dont la bouche
> Souffle le chaud et le froid,

comme aussi de surveiller un peu les suscriptions de vos paquets, de manière que le nom de Pons ensépulturé par vous *dans le sac*, ne figure plus comme existant sur *l'étiquette*. C'est une grâce que je vous demande, par suite d'antipathie native pour les portes qui ne sont ni ouvertes ni fermées.

On a pu voir plus haut que vous n'avez administré aucune preuve de votre assertion, d'où suit, de fait, qu'il est assez difficile de savoir: 1° si vous avez eu des raisons; 2° et, dans le cas affirmatif, si elles ont été de celles que vulgairement on nomme *sonnantes ;* 3° si, étant sonnantes, elles sonnent bien ou sonnent mal. Mais je devine, ou plutôt je vous entends me crier par *voix d'écho,* tout en *croisant* l'arme que fournissent, non pas *les oies de frère Philippe,* mais celles que bien vous connaissez : *Halte-là* de par le greffe ; avez-vous oublié le fameux jugement intervenu sur la matière ? Connaissez-vous *Virgilius Maro ?* et, si vous êtes parvenu jusqu'en *seconde,* ne savez-vous pas qu'il a dit :

*Claudite jam rivos pueri ; sat prata bibere ?*

Merci, messieurs, *iterum,* et maintenant à double titre ; d'abord, parce que, écrivant un peu au hasard ou bien *currente calamo,* je ne savais trop comment arriver à mon second point, et que me voici sur le *rail ;* ensuite, parce que j'aime fort à parler du jugement en question. Remarquez, en attendant, que si je n'ai pas expliqué *Virgilius Maro,* j'ai du moins quelque teinture de *Junius Juvenalis ;* témoin, d'abord, le mot *iterum* de sa IVe satire : *ecce iterum Crispinus,* qu'on a vu souligné plus haut ; ensuite, les propres translations (en vers) et *typographisation* qu'autrefois je me suis permises à l'égard d'icelle, non moins qu'à celui de la Xe (les *Vœux*), sans oublier la Ire, et même celle *sur* la noblesse, que, suivant ceci ou cela, je publierai un de ces jours, ou laisserai dans leur tombeau avec maints autres rogatons du *vrai cru.* Quoi qu'il en soit, revenons.

Oui, messieurs, il y a eu, comme vous le dites, un gros jugement sur la matière ; mais un temps d'arrêt, je vous prie. Personne ne rend plus justice à la Justice que moi ; personne ne la respecte davantage, et surtout n'est plus convaincu que, sans elle, tous les hommes seraient en procès. Cependant, le plus fervent *Thémisphile* ne peut s'empêcher de convenir que depuis le roi Cambyse, au moins, jusqu'à l'auteur de Figaro *et ultrà,* le chancelier de la patrone aux balances n'ait eu à enregistrer pêle-mêle, avec force sentences équitables, rationnelles, lucides, atteignant le but, etc., certaines autres vraiment iniques, absurdes, noires comme encre double *de la petite vertu,* frappant à côté, etc., sans compter même ce qu'expriment ces versiculets du nommé J. B. Rousseau :

> Consultez-vous au Palais, en Sorbonne,
> Et quand vos cas seront bien décidés,
> Accordez-vous si votre affaire est bonne ;
> Si votre cause est mauvaise, plaidez.

Aussi ai-je voulu savoir à quoi m'en tenir sur le jugement précité, jugement intervenu le 5 juin 1831 (I$^{re}$ année des barricades), confirmé le 18 février 1833 (IV$^e$ année de la même ère), et précédé de cette formule sacramentelle : Louis-

Philippe I<sup>er</sup>, roi des Français, etc.; ici, *nota bene*, point et virgule pour clore la phrase, et, moyennant les deux points qui précèdent, la rendre inaccessible à toute interprétation *septembriseurienne*. Or, ayant requis à cet égard un très-habile et très-célèbre légiste, voilà qu'il m'a remis ès mains la pièce suivante qui me paraît cristal de roche, excepté pourtant l'épigraphe, à laquelle je ne comprends rien, sinon qu'elle exprime une vérité triviale et malheureusement trop connue de tous les bons citadins qui, dans l'été, fréquentent les rues.

## CONSULTATION.

—

> Il est certain que lorsqu'on remue les pavés,
> leur poussière obscurcit singulièrement la vision.

Nous, Pierre Bonaventure, soussigné, consulté par M. J.-B. F. A. de Pons, marquis de la Châtaigneraye, chevalier, sur la teneur et le sens du jugement rendu le 3 juin 1831, et dont madame A. E., née Pons, dame de Tourzel, a obtenu la confirmation le 28 février 1833, considérant, vu toutes les pièces :

Qu'à raison ou tort (peu importe) le consultant a relevé le nom des anciens sires de Pons, en tant que l'un des chefs d'une famille formée dans le XII$^e$ siècle par un fils puîné du sire de Pons vivant alors;

Que madite dame de Tourzel, née Pons, a cru devoir actionner le susnommé en délaissement du nom susdit, attendu, lit-on dans son exploit introductif d'instance, que *seule* elle représente aujourd'hui les anciens sires précités ;

Que préalablement à toute procédure, comme il appert du dossier, le défendeur a requis la demanderesse, par conclusions dûment signifiées, de prouver elle-même sa descendance, non pas de tel ou tel sujet appelé *Pons*, mais bien de celui qu'il a restrictivement désigné pour son auteur, faute de quoi, ajoutait-il, cette dame serait manifestement *sans qualité* pour revendiquer la possession exclusive d'un nom qui ne serait pas le sien ; *actori incumbit onus probandi.*

Que, nonobstant cette réquisition légale, madame de Tourzel n'a produit dans la cause que *son extrait de naissance ;*

Que cette pièce, excellente pour établir que son nom de famille est *Pons* ( chose qu'on n'a jamais contestée), ne saurait nullement prouver qu'elle est issue du sire de Pons qui, spécifié comme son auteur par la partie défenderesse, vivait il y a sept cents ans, ni même de la maison d'icelui ;

Que son action n'était recevable que moyennant la justification du dernier fait ;

Que cette justification n'ayant pas eu lieu, elle n'a jamais pu être admise à contester sur le nom des anciens sires susmentionnés, ce nom n'étant pas le sien au procès ;

Vu, d'ailleurs, le jugement précité, dont le *dispositif* est ainsi conçu : « Le tribunal maintient la marquise de Tourzel dans le droit exclusif de porter le nom de Pons, qui est celui de la famille dans laquelle elle est née ; fait défense au marquis de la Châtaigneraye de prendre et porter le nom de Pons ; »

Est d'avis des résolutions suivantes, savoir :

*Premièrement*, qu'en droit, le nom des anciens sires de Pons a dû toujours demeurer en dehors de la cause, tant parce que madame de Tourzel, n'ayant pas justifié que ce même nom fût le sien, est restée *sans qualité*, que parce que les juges n'ont certainement pu ni suppléer *d'office* à ce vice radical, la loi le leur interdisant, ni considérer l'acte d'une naissance contemporaine comme suffisant pour établir une ascendance remontée au XII° siècle, à moins d'admettre qu'ils sont dans l'ignorance des premiers rudiments de la procédure, des dispositions du Code et des règles de la plus simple raison, suppositions trop injurieuses pour être accueillies, bien que la faculté laissée à la demanderesse, par jugement, *de suivre* sur une requête où figurait le nom des sires de Pons, soit une énigme indéchiffrable.

*Secondement*, qu'en fait, il n'y a pas eu jugement sur ledit nom.

Le jugement ne se compose, en effet, que d'un maintien en faveur de madame de Tourzel et d'une défense intimée au marquis de la Châtaigneraye ; or, ce n'est pas le susdit nom qui a été maintenu à madame de Tourzel ; ce n'est pas lui non plus qui a été interdit au marquis de la Châtaigneraye.

La preuve du premier point résulte, moralement, de ce que le juge s'est servi du mot *maintient;* qu'on ne maintient en justice qu'un droit légalement justifié; qu'aucun droit au propre nom des sires de Pons n'a appartenu à madame de Tourzel devant le tribunal ni *réellement* ni *fictivement;* et dès lors, pour conclusion conforme, que ce n'est pas ce dernier nom qui lui a été maintenu; matériellement, 1° de ce que le juge n'a pas écrit : maintient madame de Tourzel dans le droit exclusif de porter le nom des anciens sires de Pons, mais seulement : *maintient la marquise de Tourzel dans le droit exclusif de porter le nom de Pons,* qui est celui *de la famille dans laquelle elle est née;* 2° que ces mots : *qui est celui* marquent expressément qu'il s'agit du seul nom de Pons prouvé afférent à la famille de ladite dame *par son acte de naissance;* et comme, encore une fois, ce nom ne fut jamais celui des sires de Pons, que le maintien ne concerne pas ce dernier.

Quant au second point, sa justification se tire avec une égale évidence de ce que le nom de Pons interdit au marquis de la Châtaigneraye est incontestablement celui-là même dans la possession duquel madame de Tourzel est *maintenue,* puisque autrement (thèse absurde) les juges auraient dit, d'une part, nous maintenons à madame de Tourzel le nom de Pons qui est celui de sa famille, lequel (par sous-entendu) n'est pas celui des sires de Pons; puis, d'autre part, nous défendons au marquis de la Châtaigneraye de porter le nom des sires de Pons, lequel (toujours sous-entendu) est autre que celui de madame de Tourzel; par suite de quoi, suivant ce qu'on a exprimé, ce n'est pas ledit nom qui a été interdit.

*Troisièmement*, que deux conséquences rigoureuses découlent de ce qu'on vient d'exposer.

La première est que nul jugement n'étant intervenu sur le nom des anciens sires de Pons, M. de la Châtaigneraye peut le prendre ou le garder, si bon lui semble, sans que personne à cette heure, et madame de Tourzel moins que toute autre, ait le droit de l'en empêcher.

La seconde, non moins certaine, est que le susnommé ne pourrait s'approprier celui des noms de Pons dans le droit exclusif duquel le jugement à maintenu madame de Tourzel, c'est à savoir celui de la famille où cette dame *est née*, sans se constituer en rébellion contre ce même jugement.

Nous croyons devoir ajouter que, sans doute, le marquis de la Châtaigneraye a la justice en révérence trop grande pour vouloir donner jamais un si pernicieux exemple, et qu'eût-il la

velléité contraire, il s'est lui-même lié les mains
à l'avance. Nous voyons, en effet, dans les pièces
de la procédure, que, conseillé par une bonne
tête, il a fait dresser à propos des conclusions
subsidiaires dans lesquelles lui, défendeur, dé-
clarait expressément qu'en relevant le nom des
anciens sires de Pons, il n'a nullement prétendu
prendre celui de madame de Tourzel, ni lui appartenir à quelque titre que ce soit, conclusions
dont il a judiciairement demandé acte, et qui,
dans l'arrêt confirmatif, figurent d'ailleurs en ces
termes : «POINT DE DROIT.......faisant droit aux
conclusions subsidiaires du 28 janvier 1833, la
cour devait-elle donner acte à l'appelant de ce
qu'il n'entendait nullement appartenir à la dame
de Tourzel ou aux siens, et qu'en relevant le
nom des sires de Pons, il n'a pas entendu prendre leur propre et privé nom; en conséquence,
mettre ladite dame hors de cour.» Or, disons-
nous, comment revenir aujourd'hui sur un acte
si solennel ?

Ici, plus encore que ci-dessus, nous sommes
contraints d'avouer en toute humilité qu'il nous
est impossible de comprendre comment, après les
susdites conclusions qui, désintéressant complétement la demanderesse, coupaient court à la discussion, les juges d'appel ont pu passer outre, et
prononcer autre chose que la mise au néant du

premier jugement, avec renvoi de la partie susénoncée. Quoi! une personne prévenue par le possesseur d'un nom de vouloir s'emparer de ce nom, déclare juridiquement qu'il n'a aucune prétention à ce même nom ; la première cour du royaume, présidée par son premier président (c'était M. Séguier), mentionne cette déclaration dans son *point de droit;* et d'ailleurs, nonobstant le Code, se permettant *de ne pas statuer sur ce chef,* rend un arrêt pour défendre à l'auteur de la déclaration précitée de retenir le susdit nom ! *O tempora! tempora !* et, de plus, *ô altitudo !* quand on songe que sur le rapport de M. Lasagny, ancien jurisconsulte ultramontain, MM. les conseillers, placés *au plus haut* de l'échelle judiciaire, *ne statuant pas,* à leur tour, sur le *moyen capital* du pourvoi, ont, tout en écartant, non pas les jambes, mais ledit pourvoi, sauté à pieds joints pardessus. Aussi, pourquoi la sainte image du Christ et la blanche fleur de saint Louis n'étaient-elles plus là présentes ?

*Observation subsidiaire.* Il était inutile de revenir sur le fond même du procès ; aussi nous sommes-nous bornés à définir *la portée* du jugement intervenu. Nous rappellerons cependant que les consultations *pour* étaient signées, outre MM. Béguin, Billecocq et Crémieux, par trois *gros bonnets* de l'ordre non suspects alors d'un trop grand *aristocratisme*, savoir : M. Barthe ( aujourd'hui ministre de la justice ) qui, sans le *Tocsin*, eût plaidé ; M. Odilon-Barrot (ex-préfet de Paris); enfin, M. Dupin aîné (procureur général, président de la chambre-omnipotente), et que l'opinion de ce dernier était résumée en ces termes : « Ce serait donc, selon toute apparence, une contestation bien mal fondée de la part de madame de Tourzel, et l'on doit espérer que cette dame sera trop bien conseillée pour que l'on ait à craindre de la voir élever un tel procès. Le soussigné adhère à la consultation. *Signé* DUPIN AÎNÉ, avocat à la cour royale. »

Pour copie conforme,

*Signé* PIERRE BONAVENTURE, jurisconsulte.
J'adhère à la présente consultation.
*Signé* THOMAS DUROCHER, *idem.*
J'adhère. *Signé* JEAN DUCHÈNE, *idem.*
J'adhère. *Signé* FRANÇOIS DURER, *idem.*

Eh bien! messieurs, qu'en dites-vous? nous croyez-vous encore foudroyés par un jugement dont le résultat le plus net est que la demanderesse a gagné, sans rien gagner, sinon de *voir dire*, faute de *contrôle*, que sa belle chaîne antique, prétendue à 24 carats, pourrait bien avoir été fabriquée à *Similoropolis*, chose que je verrais démentie avec une vraie satisfaction, et que le défendeur, qui *ne défendait pas*, a perdu sans perdre, sauf toutefois les dépens. En un mot, ne pensez-vous pas maintenant que si, d'une part, on persiste à psalmodier notre *de profundis* en faux bourdon, nous pouvons, de la nôtre, fredonner comme il nous plaira :

Les gens que vous tuez se portent assez bien,

ou *ne se portent pas mal*, car le vrai texte m'échappe en ce moment.

Dans ce cas, je me permettrais de vous demander si vous avez jamais vu une cause plus satisfaisante que celle-ci. Juges contents d'avoir jugé ( comme tous les juges ); demandeur content ; défendeur content, même d'avoir payé les épices, puisque, non moins que tout le monde, le *greffe* doit vivre, et qu'en aidant un peu à la lettre, cela pourrait tenir lieu d'*œuvre pie ;* avocats et procureurs très-contents! C'est réellement *la meilleure des choses dans le meilleur des mondes possibles*, à telles enseignes que si le docteur *Pangloss* vivait encore, il serait assurément le plus content de nous tous.

Au surplus, je ne vous garde pas rancune, en preuve de quoi voici notamment quelques observations anodines sur vos deux premiers numéros.

1.° Vous affirmez ( 2.ᵉ *livrais. art.*, de Saint-Simon ) que les comtes de Vermandois sont *plus anciens que Charlemagne* ; mais, entre nous, cela n'est guère possible, puisqu'ils ont été formés par Bernard, fils (naturel) de Pépin 1.ᵉʳ, roi d'Italie, second fils dudit empereur. Faites donc un *erratum* à ce propos, bien qu'un petit-fils plus vieux que son grand-père ne soit pas une chose assez importante en histoire pour mériter grande attention.

2° Peut-être ne serait-il pas mal aussi de rendre à la phrase de Rodulphe Glaber, citée par vous à propos de Robert le Fort ( 1.ʳᵉ *livrais.*, *art.* de Montmorency), et sa première partie et son vrai sens ; c'est à savoir, d'écrire d'abord : *Cujus genus idcircò, adnotare distulimus, quià valdè in anteà reperitur obscurum ;* ensuite, de considérer ces mots non comme signifiant que l'origine de Robert *se perd dans la nuit des temps*, mais comme devant être traduits à peu près en ces termes : nous nous abstenons de mentionner son origine, parce que, antérieurement on trouve une grande obscurité. Ce serait un acquit de conscience ; car enfin, tout *barbare* qu'est son latin, selon votre observation judicieuse, le pauvre moine ne mérite pas d'être estropié et de passer pour avoir dit autre chose que ce qu'il a dit.

3° De vous à moi, chaque gendarme était accompagné de cinq hommes montés, ce qui formait une *lance garnie*; dès lors, une compagnie de 100 lances se composait de 600 chevaux. Vous avez écrit en toutes lettres dix mille hommes ($1^{re}$ *liv.*, *art.* Jaucourt). Or, retranchez de ce chiffre la bagatelle de 9,400 unités, et vous serez d'accord avec le père Daniel (*Milice franç.*, tom I, p. 212). Que si vous voulez comprendre les *volontaires*, qui quelquefois élevaient à 1200 hommes la compagnie de 100 lances, vous n'aurez à soustraire que 8,800 cavaliers.

4° S'attaquer *aux vivants* ne fait pas courir de grands risques, en ce que c'est un combat d'égal à égal, et qu'en définitive on peut toujours signer la paix. Il n'en est pas de même envers *les morts*; ceux-là ne sont pas du tout commodes, et je vous assure qu'au delà du Rhin, où je suis allé maintes fois, on se garde bien d'avoir maille à partir avec eux. Ce petit préambule est pour en venir au dernier paragraphe de votre article, *les sires de Pons*, où il se lit : « Nous avons écrit cette histoire abrégée des sires de Pons d'après l'historique de leur maison, dressé par M. l'abbé de l'Espine, conservateur à la bibliothèque du roi et professeur à l'école des chartes, etc. »

Pardon de la liberté grande, mais ceci est une sorte de *faux matériel* en ce qui touche l'élimination que vous nous faites subir au profit de madame de Tourzel, par la raison très-péremptoire que l'écrivain dont vous invoquez le nom, loin d'avoir jamais eu l'opinion que vous lui prêtez, en avait une tout opposée. C'est ce que chacun pourra voir dans le cabinet de M. *Lainé* ( rue des Saints-Pères ), homme spécial en généalogies, que nous prendrions la liberté de recommander à toutes les familles, si ses nombreuses publications ne dispensaient pas d'un tel soin, et cela sur la *minute* même de l'historique dont vous parlez, · minute où, à l'article des enfants d'un des anciens sires de Pons, se trouvent ces mots écrits, comme le reste, de la propre main de l'auteur :

— « *Pontus* DE PONS a formé la branche des seigneurs marquis d'Asnières - la Châtaigneraye, qui sera rapportée ci-après. »

Maintenant, voici les conséquences du fait.

Lorsque feu M. l'abbé de l'Espine était encore des nôtres, personne, que je sache, ne réunissait plus d'excellentes qualités. Tout le monde l'a connu savant aimable, probe, vrai, obligeant, et même content d'avoir obligé, à tel point, s'il est permis de se citer, que je le vis tout rayonnant, lorsque après avoir trouvé à la bibliothèque royale divers titres originaux importants pour notre famille ( un de 1250 par exemple ), il voulut bien m'en faire part. C'est ce que je n'oublierai pas plus que plusieurs autres marques de son intérêt, pas plus aussi que la politesse administrative de son très-digne élève et successeur. Cependant il a payé le tribut de nature ; or, comme nul ici-bas ne sait les choses de l'autre monde, ne craignez-vous pas qu'il soit peu satisfait de se voir prêter une opinion non moins contraire à ses écrits qu'à ses paroles, et qu'un beau jour (ou une belle nuit plutôt) il ne *revienne* à l'effet de vous en dire quelque mot ? Retranchez donc, pour le plus sûr, son nom de votre susdit paragraphe, et remplacez-le par celui qui vous conviendra.

5° Votre manière de traiter l'histoire a son mérite assurément. Quoi de mieux trouvé, en effet, qu'un style sautillant, agréablement semé d'épigrammes, de sarcasmes, de facéties, d'anecdotes parfois gaillardes, et, sur toute chose, tranchant comme un bon damas turc ? Quoi de plus propre à multiplier les lecteurs, sans oublier les lectrices, que des souvenirs semblables à celui du séjour à Paris de lord Bridge-Water, fou, savant, et . . . ., non moins qu'au voyage forcé en terre ferme de ce prélat anglican qui (pour cause) aurait dû être son *aumônier* ; non moins encore que la gentillesse relative à l'évêque de Nîmes (1re *liv.*, maison de Rouci) qui, sur certain cas, prétendait être plus expert que cinq *matrones !*

Quoi de plus flatteur, enfin, pour ceux qui portent des *noms historiques*, et, par suite, de plus
fort pour les déterminer à venir frapper au bu-
reau, que des passages comme ceux-ci, tout à
fait libellés à la Dulaure : « tant que lui et son
fils vivaient NOBLEMENT , c'est-à-dire, SANS RIEN
FAIRE » ( 2ᵉ *livr.* , *art.* Laugier-Villars ). — « Un ba-
ron de Laugier le reconnut pour parent, et il eut
la faiblesse d'y consentir » ( *ibid.* ). — « Plus d'une
famille, autrefois, a fourni des PREUVES DE NOBLESSE
par le billot » ( 1ʳᵉ *livrais.*, *art.* des Launays. *Par
la corde* eût été plus joli ). — « S'il défendait qu'on
passât sur ses terres, il pillait le voyageur. Ces
petites expéditions s'appelaient *guerres* dans CES
TEMPS HÉROÏQUES » ( *ibid.*, *art.* de Rouci ). — « Louis
le Gros punit ce prince de Rouci, comme il avait
fait ses autres grands vassaux, seigneurs et vo-
leurs » ( *ibid.* ). — « Lui (d'Armagnac) et ses successeurs furent domptés par nos rois qui balayaient
les frontières de France, comme Alcide et Thésée
avaient nettoyé les grands chemins et les rivages
de la Grèce » ( *ibid.*, art. des Armagnac), etc., etc. ;
rien, assurément rien. Il faut même avouer, pour
être juste, que si jamais ce vers de Nicolas Boileau Despréaux :

Aimez-vous la muscade? on en a mis partout,

fut applicable à un ouvrage, c'est bien au vôtre.

Toutefois, renforcez la dose; car enfin, après le siècle d'or est venu le siècle d'argent; après le siècle d'argent, celui de fer; après celui de fer, celui des *majorités*, sous lequel nous avons le bonheur de vivre; or, les *muscadins* sont nombreux. Notez que je ne parle pas en ce moment de ceux qui sont ainsi nommés attendu leur goût pour le *musc*, et qu'il s'agit du fruit des Indes orientales. Peut-être me direz-vous que c'est là *mettre les points sur les i*; mais pourquoi non? indépendamment de la nécessité de prévenir l'équivoque, un de nos poëtes romantiques n'a-t-il pas, avec l'approbation générale, mis un bien plus grand point sur un bien plus grand l, en posant la lune au sommet d'un clocher de village, le tout *comme un point sur un i?*

Sur ce, messieurs, usant ici du très-commode *et cætera*, je clos mon épître, et profitant de l'occasion pour vous offrir l'assurance de la considération qui vous est due à tout autre titre que celui de votre publication, non moins que pour témoigner combien il m'a été pénible d'avoir eu à me défendre contre la dernière hostilité d'une dame envers laquelle je n'ai jamais cessé de professer une parfaite vénération, je suis avec la plus entière . . . . Mais non, je ne suis rien encore; dût-on me considérer comme un suppôt de *Morpheus*, certaines raisons à moi (*Polichinelle a bien les siennes*) me déterminent à replonger mon *bec Perry* dans la mixtion de noix gallique et de fumée.

--------

## POST-SCRIPTUM.

—

Oui, deux fois et cent fois oui, nonobstant clameur de *haro* ou *de asino*, s'il y a lieu, sentences passées présentes ou futures, dénégations, mouvements d'épaule, hochements de tête, paroles hautes ou basses, etc., la famille dont je me trouve un des chefs est issue en ligne masculine du sire *héréditaire* ou prince de Pons qui, dans le XII$^e$ siècle, florissait, tout bardé de fer, au bon pays d'Aquitaine.

Ce sire était Renaud I$^{er}$, fils aîné de Geoffroy son prédécesseur, et de dame Agnès, dame d'Oléron, fille de Geoffroy Martel ( maison des comtes d'Angoulême ), première femme dudit Geoffroy, car il en eut une seconde, nommée N. . . . de Mortagne ( sur Gironde ), qui lui donna Richard, héritier, du chef de sa mère, de la seigneurie de ce nom, lequel Richard, mort sans postérité, la transmit à un neveu, auteur de la seconde maison de Mortagne ; ajoutons que le second fils du premier lit s'appelait Geoffroy, comme son père.

Il eut trois fils, savoir, Renaud II, Rudel (seigneur de Mortagne); puis enfin un sujet dit PONTUS *de Asneriis*, parce qu'il eut en partage les château, bourg et seigneurie d'Asnières, situés dans la sirerie de Pons non loin de sa ville capitale, et que l'usage alors était que les cadets adoptassent, comme nom de branche, celui de leur principal fief.

C'est de Renaud II, sire de Pons, mort en 1248, que sont provenus tous les sires de Pons subséquents (branches comprises), dont il ne reste plus qu'un souvenir historique de premier ordre.

C'est de Rudel qu'est issue la seconde maison de Mortagne (sur Gironde), éteinte depuis bien des années.

Enfin c'est de PONTUS *de Asneriis*, chevalier, seigneur d'Asnières et *autres lieux*, né vers 1175, déjà mort en 1235, que descendent de mâle en mâle, tous les seigneurs et comtes de ce nom, marquis de la Châtaigneraye, etc., c'est-à-dire, la maison même dont j'ai l'honneur d'être membre. Voyez ce petit *genuit*.

RENAUD I, septième sire de Pons, fils aîné de GEOFFROY I, et d'Agnès, dame d'Oléron, né vers 1150, mort en 1228.

| RENAUD II, sire de Pons, mort en 1248. | 2° RUDEL, seigneur de Mortagne après son oncle Richard. | 3° N... dit *Pontus de Asneriis*, seigneur d'Asnières, né vers 1175, déjà mort en 1235. |
|---|---|---|
| Suite des sires de Pons, éteinte. | Etc. Suite de la 2ᵉ maison de Mortagne, éteinte. | Etc. Suite des seigneurs puis comtes d'Asnières, et marquis de la Châtaigneraye, existante. |

A l'égard des preuves de ce dire, chacun peut voir comme nous qu'il suffit d'établir deux choses, l'une : que celui qui écrit ces lignes descend en ligne masculine de Pontus *de Asneriis*; l'autre, que ce dernier, généralement parlant, appartenait à la maison de Pons, et spécialement était fils de Renaud I<sup>er</sup>, sire de Pons.

Or, sur le premier point, si l'on veut plus qu'une assurance de gentilhomme, je prends ici le très-formel engagement de mettre sous les yeux de toute personne qui le voudra, une filiation *sans lacune*, à partir du susdit Pontus inclusivement jusqu'à nous-mêmes, et de produire en justification, d'abord les *preuves* qui, dressées *sur titres* en 1780, par M. Chérin père, généalogiste des ordres du roi, nous ont fait admettre aux honneurs de la cour; ensuite, l'expédition authentique de plusieurs actes originaux appartenant à la bibliothèque royale, et que tout le monde peut y voir.

Sur le second point, concernant l'extraction de Pontus, une division a été ci-dessus marquée; savoir, justification générale en tant que rejeton de Pons; raison spéciale, en tant que fils de Renaud I<sup>er</sup>. Nous la suivrons.

## § I.

### JUSTIFICATION GÉNÉRALE DE L'ORIGINE.

Elle résulte de onze témoignages développés avec leurs preuves dans un dernier travail sur la matière, et dont voici la seule substance, dans l'impossibilité où nous sommes de le reproduire ici en entier, sauf pourtant les moyens nouveaux, sur lesquels nous insisterons un peu plus.

Ier TÉMOIGNAGE. Il existait dans la plupart de nos provinces (notamment en Saintonge), une sorte de législation aussi ancienne que les fiefs; elle se nommait *droit de parage*, du mot latin *par*, signifiant pareil, égal, et déterminait exclusivement la condition féodale de ceux des frères *puînés* qui avaient eu en partage une portion du fief de leur *aîné*; par suite de quoi tout *parageur* d'une maison était *cadet* de cette maison.

Or, M. Chérin père, dressant nos *Preuves de cour*, a déposé en marge d'un hommage rendu le 15 février 1430 *au seigneur de Pons*, par *un de nos auteurs directs*, ces mots formels pour qui sait ou les veut comprendre : « Voyez celui de 1384; ces deux actes établissent le parage de la manière la moins équivoque. Voyez encore 1460—1482 ». Il a donc expressément déclaré qu'aux termes des quatre actes qu'il avait sous les yeux, la famille de celui qui alors rendait hommage (c'est la nôtre) était *branche puînée* de la maison du seigneur qui le recevait, ou autrement de celle de Pons. Que si, n'osant heurter de front une telle déclaration, quelqu'un songeait à l'attaquer de biais, nous lui dirions clair et net : le généalogiste *en titre d'office* des ordres du roi (et M. Chérin l'était) avait mission d'établir la généalogie des familles aspirant aux honneurs de la cour (*ordonn. réglem.* de 1760); son travail était indépendant de tout pouvoir judiciaire, même des *cours supérieures* (voir *ibid.* les mots soulignés sont dans le texte); dès lors *a fortiori*, nul tribunal, nulle cour, n'a le droit aujourd'hui *d'ôter* à une famille le bénéfice du contenu, quel qu'il soit, des *preuves* qu'elle a légalement faites, et que le roi lui-même, exerçant alors la pleine puissance, a sanctionnées par son aveu. Rétroactivité, confusion, monstrueux abus de pouvoir, etc., tel serait le résultat du contraire, qui, d'ailleurs, ne *lierait* personne.

IIe TéMOIGNAGE. Tout homme tenant fief devait au seigneur dominant la *féauté* (foi) jointe à *l'hommage*, sauf (autrefois) les cadets *tenant en parage*, les vassaux ecclésiastiques, et les roturiers jouissant d'un bien noble, astreints à la seule *féauté*, d'où suit apparemment que celui qui devait la *féauté sans hommage*, était ou un cadet de la maison tenant en parage, ou un vassal ecclésiastique, ou un roturier dans le susdit cas. Mais depuis notre formation jusqu'en 1384, date du premier hommage rendu par nous aux sires de Pons (*voy.* plus haut) nous ne leur avons jamais dû que la *féauté*, puisque dans un acte de 1235, notamment, la féauté est stipulée et l'hommage non (*preuves de cour*); donc nous étions leurs cadets, à moins pourtant que tous nos premiers auteurs qualifiés *chevaliers* dans les titres, n'aient été des *clercs* disant messes, ce qui changerait notre question *originaire* de beau en laid et même très-laid, ou des roturiers possédant fiefs, chose qui, sans être précisément laide, serait *vilaine*.

IIIe Témoignage. Nous le passons, attendu qu'il faudrait hérisser nos phrases d'un latin tant soit peu barroque, et de mots aussi doux qu'acapt (*acaptum, acapitum, achaptamentum!*).

IVe Témoignage. Même silence par un motif analogue, joint à ce qu'il nous faudrait distinguer entre *devoirs* et *droits* seigneuriaux , *fiefs d'honneurs* et *fiefs de profit*, etc., et que la syncope pourrait s'en suivre.

Ve Témoignage. Selon l'*usance* de Saintonge (c'était la nôtre) le parage cessait de plein droit pour les cadets, quand l'aîné de la famille transmettait son fief à tout autre qu'à un de ses descendants, *fût-ce à son parent*, lesquels cadets devenant vassaux , devaient l'hommage par cela même. Helie-Rudel II, sire de Pons, représentant la tige directe, se voyant sans enfants mâles, fit d'abord en 1322, puis en 1332, donation entre-vifs de sa sirerie de Pons à Renaud V, seigneur de Riberac, vicomte de Turenne, son cousin (fils du frère cadet de son aïeul), et par conséquent à une personne étrangère à sa descendance, bien que son parent, fait relaté tout au long dans un arrêt rendu sur la matière par le parlement de Paris le 10 décembre 1351 (*arch. générales du royaume*), où il se lit aussi que Hélie Rudel II, mourut en 1334. Si donc nos premiers auteurs exempts d'hommage envers les sires de Pons, comme on l'a vu, n'ont commencé à le devoir et par le fait ne l'ont rendu *qu'après* l'arrêt précité, qui maintint la donation susmentionnée, il en résultera certainement que la disposition de l'usance sur la fin du parage des cadets, leur a été appliquée ; que cela n'a pu avoir lieu sans qu'ils fussent parageurs de Pons, et comme dire parageur est dire cadet dans les conditions précédentes, qu'ils étaient bien cadets de Pons. Or rappelez-vous seulement que le premier hommage rendu par nous est de 1384, que l'arrêt du parlement par suite duquel le parage de tous les cadets de Pons cessa, est de 1351, et concluez.

Que si l'on demandait par quelle raison un

hommage dû en 1351 n'a été rendu qu'en 1384, nous renverrions à l'explication incluse dans le grand travail déjà cité, nous contentant de dire ici qu'en 1351, Poincy, alors seigneur d'Asniè-res, deuxième fils de Hélie, *idem*, mort en ladite année 1351, ce qui l'empêcha de rendre hom-mage, était enfant; que lorsqu'il atteignit sa majorité, Renaud VIII, troisième petit-fils de Renaud V (le donataire), était mineur; enfin, que la majorité de celui-ci étant arrivée en 1384, c'est seulement en cette année que l'hommage a pu être requis, d'une part, et rendu de l'autre, ce qui de fait est arrivé.

VI<sup>e</sup> Témoignage. 1° Geoffroy I<sup>er</sup>, sire de Pons (mort en 1191), avait fondé près de sa ville l'Hô-pital-Neuf de Pons, et l'église de cet hôpital (sous l'invocation de saint Jean) où il fut inhumé.

2° Cet hôpital et cette église, propriété privée du fondateur ainsi que des sires de Pons subsé-quents (voyez le mot *nostri* plus bas), étaient de-venus leur sépulture et celle de leur famille. *Eli-gimus sepulturam nostram in ecclesia hospitalis nostri novi de Ponte, ubi prædecessores nostri se-peliri consueverunt*, etc. (*testam.* de Renaud, sire de Pons, année 1302. *Bibl. royale*). Autre testa-ment de Geoffroy, sire de Pons, dans lequel il ordonne sa sépulture. *In hospitali novo Sancti-Jo-hannis de Ponte, ubi*, dit-il, *sunt et consueverunt prœdecessores nostri sepeliri*, etc. ( année 1317, *ibid.*); etc.

3° Nos premiers auteurs et leurs proches, notamment Guillaume, seigneur d'Asnières (mort en 1285), et sa mère, Arsende de Lusignan; Gombaud III, *idem*, son petit-fils; Agnès de Maumusson, femme de ce dernier; Gombaud IV, leur fils, furent tous ensevelis dans l'église de l'hôpital susnommé, témoins leurs testaments ( *voy*. nos Preuves de cour).

Ainsi, à moins de nier l'évidence et de méconnaître les mœurs du temps, voilà déjà une première preuve de la consanguinité des seigneurs d'Asnières avec les sires de Pons, d'autant plus forte que, dans leurs actes, les premiers se disent *paroissiens de l'église de Fléac*. A quel autre titre, en effet, ceux-ci, y compris leurs femmes et enfants, seraient-ils venu mêler leurs cendres à celles des sires de Pons, dans un lieu qui n'appartenait qu'à ces derniers?

Ce n'est pas tout néanmoins.

Hélie, seigneur d'Asnières, fils de Gombaud III et frère de Gombaud IV ci-dessus nommés, fut enterré, ainsi que sa femme, Létice de Pons, non dans l'église de l'Hôpital-Neuf (sous l'invocation de saint Jean), mais dans celle du prieuré de Saint-Martin de Pons, fait expressément énoncé dans le testament de son fils (Poincy), que possède la bibliothèque royale et dont nous avons l'expédition en bonne forme : *Eligo sepulturam meam in ecclesia conventus sancti Martini de Ponte, in loco ubi jacent Leticia de Ponte mater mea defuncta, et dominus Helias de Asneriis, miles, dominus dicti loci, quondam pater meus*, etc. (testam. cité, année 1401), lequel Poincy et ses successeurs eurent aussi leur sépulture au même lieu. « *Et attendu que les prédécesseurs dudit Séguin d'Asnières avoyent anciennement leur sépulture en une chapelle de ladite église de Saint-Martin, appelée Infernet, laquelle chapelle* ÈS LONGTEMS *a tumbée en ruine et en désert*, ils (le prieur et les religieux de Saint-Martin) lui donnèrent une autre sépulture au sépulchre de Notre-Dame de ladite église. » ( *Accord* de 1443, entre Séguin et les religieux de Saint-Martin. *Preuves de cour*).

Mais en quel temps vivait Hélie? En 1318, année de sa naissance ; en 1343, temps où testa sa mère qui le fait son héritier universel, etc. (*voy.* les titres : *Ibid.*). Quand est-il mort? Peu après l'arrêt du 10 décembre 1351 (*voy.* ci-dessus). Quelle était une des conséquences de cet arrêt ? La cessation immédiate du parage de tous les cadets de Pons ; la condition de vassal que cet état de choses leur imposait, et par suite la perte des priviléges de famille que jusqu'alors ils avaient partagés avec leurs aînés (*voy.* les anciens juris-consultes sans exception).

Or, maintenant, puisque le père de Hélie, seigneur d'Asnières, sa mère, son aïeul, son aïeule femme de celui-ci, etc., et même son frère, mort avant lui, ont exercé le droit d'être inhumés avec les sires de Pons, dans l'église de leur Hôpital-Neuf; puisque Hélie a été enseveli avec sa femme, dans l'église du prieuré de Saint-Martin de Pons, comme le furent ses successeurs; puisque ce fait est postérieur à l'arrêt de 1351, Pyrrhon lui-même oserait-il nier que ce même fait ait eu pour cause la cassation du parage dans la personne de Hélie, cassation résultant de la donation opérée en 1334, mais seulement valable depuis le susdit arrêt de 1351; que dès lors les ascendants du susnommé n'aient été parageurs de Pons, ou en d'autres termes, conformément à ce qu'on a précédemment exprimé, branche cadette des sires de Pons?

Que si l'on voulait plus encore, nous rappellerions d'abord que Hélie, assez éloigné de la tige-mère pour pouvoir s'allier avec elle, avait épousé une fille de la maison de Pons : *Leticia de Ponte mater mea defuncta et Helias de Asneriis.... pater meus,* dit Poincy dans le testament cité plus haut; ensuite que lui et sa femme furent les premiers de la famille qui ne furent pas déposés dans le tombeau des sires de Pons : cela fait, nous demanderions encore, en vertu de quoi un gendre de la maison de Pons, et surtout une fille de Pons, auraient été frustrés d'un droit exercé par les prédécesseurs immédiats de ce gendre, et même son frère, si ce n'est pas par le motif tiré de la coutume locale que nous avons exposée.

On a vu ci-dessus que la nouvelle sépulture accordée par les religieux de Saint-Martin à Séguin, seigneur d'Asnières, en remplacement de la chapelle *Infernet*, tombée en ruine, fut la chapelle dite *Sépulchre de Notre-Dame* ( ou Notre-Dame du Sépulchre). Nous ajouterons que cette chapelle ou appartenait aux sires de Pons, ou les intéressait beaucoup (c'était sans doute leur sépulture première avant la fondation de l'Hôpital-Neuf), puisqu'en 1393, Renaud, sire de Pons, vicomte de Carlat, accorda des lettres d'*amortissement* aux religieux de Saint-Martin, sous la condition de célébrer, tous les samedis, une messe solennelle *à l'autel de Notre-Dame du Sépulchre, en leur église* ( arch. de Saint-Florent, *prieuré de Saint-Martin*, p. 38; *bibl. royale*). Or, nous demanderons par surcroît, pour quelle cause, en 1443, les dits religieux auraient précisément assigné à Séguin la chapelle susmentionnée, s'ils n'avaient pas su que celui-ci sortait de la famille pour laquelle, tous les samedis, ils célébraient une messe à l'autel de cette même chapelle.

3.

VII<sup>e</sup> Témoignage. Un acte original de 1250, appartenant à la bibliothèque royale, lequel est un accord passé sous la médiation du doyen de la cathédrale de Saintes, entre Arsende de Lusignan, femme de Gombaut I<sup>er</sup>, seigneur d'Asnières, et Guillaume leur fils, contient ces mots : Poncius *Dei gratia Xanctonensis decanus...* puis ces autres : *exceptis domo et feodo de Asneriis, et domo in qua* Pontus *de Asneriis, miles, avus dicti Guillelmi, morabatur tempore mortis suæ, etc.* Mais ceci mérite attention.

Comment, en effet, le seigneur d'Asnières, aïeul de Guillaume, est-il nommé ? Pontus *de Asneriis.* Mais quel sens a ce mot Pontus, très-parfaitement écrit dans l'acte, non moins que dans une copie faite de la propre main de feu M. l'abbé de l'Espine, ancien conservateur aux manuscrits de la bibliothèque ? Est-ce un prénom, savoir Ponce (ou Pons par altération), fréquent dans les maisons des comtes de Toulouse, des sires de Pons, des seconds seigneurs de Mortagne, etc., et le seul qu'on puisse présumer ? nullement. Une preuve sans réplique résulte de ce que ce prénom était celui du doyen de Saintes qui dressa la transaction, lequel doyen, par parenthèse, était de la maison de Pons, et devint évêque du même siége (*voy.* le *Gallia christiana* où il est constamment appelé *Poncius de Ponte*); qu'il a écrit *Pon-*

*cius*, ainsi que cela devait être : *Poncius Dei gratia... decanus*; et que si le seigneur d'Asnières avait porté le même prénom, il eût mis non pas Pontus, mais *Poncius* comme pour lui; dès lors il faut chercher autre chose. Or, voici notre explication.

Le troisième fils de Renaud I<sup>er</sup>, sire de Pons, n'a pu ni dû s'appeler absolument de Pons ( *de Ponte* ou *de Pontibus* ), parce que le principal de la seigneurie de Pons n'appartenait qu'à l'aîné qui, seul, suivant la règle, avait le droit de se nommer ainsi. Cependant il est certain que le fief d'Asnières situé à un quart de lieue de Pons, était un membre de la sirerie de ce nom, dont plus tard il releva toujours en directe, et qu'il devint notamment le partage de *Pontus de Asneriis*, ce troisième fils. Celui-ci donc ne pouvant s'appeler de Pons, a pu s'intituler d'abord *Pontus* comme ayant part à la seigneurie de Pons en qualité de *parageur*; par suite de quoi il était réellement co-seigneur à cause de sa portion, et dès lors en façon de *diminutif*; ensuite *de Asneriis*, en vertu de l'usage qui voulait alors que les cadets prissent le nom de leur principal fief, nom qui devint celui de leur branche.

A l'égard du vrai prénom de *Pontus*, on ne le voit ni dans l'acte de 1250, ni dans nos lettres patentes d'érection en marquisat des terre et ville de la Châtaigneraye (Poitou), qui en relatent un autre, attendu, sans doute, que le sujet était suffisamment désigné par les deux noms qui s'y trouvent. Ajoutez que souvent on remplaçait le prénom par quelque nom qualificatif; que parfois même on se contentait de spécifier l'individu par tel ou tel sobriquet : témoin le deuxième fils de Renaud 1ᵉʳ, seulement connu sous la dénomination de *Rudel* qui ne fut jamais un prénom; puis encore un fils ou petit-fils d'Aichard de Clermont qui, dans un de nos titres ( 1281 ), n'est désigné que par ces mots: *Li Roquat de Sancto Sigismundo de Clarmont*, bien qu'à propos de son hommage; enfin que cette pratique s'est perpétuée assez longtemps, puisque, entre autres exemples, ces mots : *le bâtard d'Armagnac*, sont uniquement employés dans plusieurs actes pour qualifier celui auquel ils s'appliquent.

Ces considérations admises, un titre presque contemporain de notre formation présenterait en diminutif le nom patrimonial de Pons, joint à celui du principal fief de notre partage, sous lequel, comme tous les cadets d'alors, nous avons dû vivre et mourir jusqu'à l'extinction des aînés, témoignage qui apparemment ne serait pas le moins bon.

En tous cas, ce même nom se retrouve encore dans un acte de 1317, ainsi rapporté dans nos preuves de cour : « *Gombaut d'Asneyras Daudet*

(Damoiseau) *de Pontes de la dyocesa de Xanctonge*, épousa par traité (en idiome gascon) passé le 26ᵉ jour de l'entrée du mois de mai 1317... Agnès sœur d'*En* (noble) P. W. de Maumusson Daudet de Blaye, etc. » Toutefois, comme ce moyen ne pourrait être reproduit en ce lieu sans un trop long développement, nous nous contenterons de dire que P. W. (Pierre Guillaume) de Maumusson appartenait à la maison des sires de Blaye; que c'est par ce motif qu'il est intitulé Damoiseau de Blaye (Damoiseau signifiant là, jeune seigneur; *voy*. Loyseau), et conséquemment que *Gombaut d'Asneyras*, son beau-frère, s'intitulant *Damoiseau de Pontes* dans le même acte, était de la maison des sires de Pons.

VIIIᵉ TÉMOIGNAGE. Ici nous sommes encore forcés d'abréger, avertissant néanmoins que tout ce qui va se présenter comme assertion, se trouve justifié dans le grand travail dont celui-ci est extrait.

*Premier fait.* Les dernières armes adoptées par les sires de Pons, sont : *d'argent à la fasce bandée d'or et de gueules de six pièces.*

Antérieurement elles étaient : *d'argent à la fasce de gueules;* témoin le recueil de Cécille, héraut maréchal d'armes de Hainaut, tiré en partie de celui de Vermandois, héraut de Charles, roi de France en 1425. (*Voy*. bibl. de l'Arsenal,

fol. 179 dudit recueil, où elles sont ainsi blason-
nées, et qui plus est coloriées); voyez d'ailleurs à
la bibliothèque royale, entre autres sceaux, ceux
de Geoffroy, sire de Pons ( 20 octobre 1302 );
de Renaud *idem*, vicomte de Carlat (20 mai 1331);
du même (20 novembre 1331) etc., lesquels
sceaux mi-partis présentent au premier une *fasce
unie* (pour Pons), au second le champ chargé de
7, de 10 ou de 12 cotices (pour Turenne, dont
par mariage les sires de Pons étaient devenus
vicomtes en partie). Ajoutez que plus tard les sires de Pons ayant abandonné le *parti*, se con-
tentèrent de charger leur *fasce unie* tantôt de 12
cotices, tantôt de 10 ( pour Turenne), qu'ils ré-
duisirent à six *bandes*. Supports : deux lions ou
léopards accroupis.

Il s'ensuit qu'avant 1251, temps où Renaud (III),
sire de Pons, épousa l'héritière de la vicomté de
Turenne (Marguerite de Bergerac), les armes pu-
res de sa maison étaient, comme on l'a exprimé,
*d'argent à la fasce* (unie) *de gueules*. C'est, au
surplus, ce que confirmeraient au besoin les armoiries de Pierre de Pons (fils aîné de Renaud VI,
et devenu sire de Pons en 1373), lequel pendant
la vie du père, ne pouvant porter les cotices de
Turenne, avait un sceau où se voyait une *fasce
unie*. Cimier, une tête d'aigle issant d'un vol banneret (*quittance* du 9 février 1373; bibl. royale);

puis celles de Bertrand de Pons, 3ᵉ fils dudit Renaud VI, où se remarque très-distinctement une *fasce unie accompagnée de trois étoiles* (brisure de cadet). Cimier, un col de cigne issant d'un vol banneret. Supports, à dextre un *lion;* à senestre un *griffon* (quitt. du 24 avril 1414, *ibid*).

*Second fait.* Nos armes actuelles sont : *d'argent à trois croissants de gueules.* Elles nous viennent de l'ancienne maison de Gaignon, *aliàs* de la Chapelle, dont, avant 1400, Poincy, seigneur d'Asnières, avait épousé l'héritière en secondes noces; alliance de laquelle provint un second fils qui, selon un usage assez ordinaire, prit les armes de sa mère, avec le nom de la seigneurie qu'elle avait apportée en dot. La preuve en est que ces mêmes armes sont encore aujourd'hui sculptées aux clefs des voûtes de l'ancienne et belle église de la Chapelle de Boys (fief situé non loin de Pons), construite par la susdite famille, et que les chefs de la nôtre ont toujours joint le nom de la Chapelle au leur. Ce second fils, notre auteur, conserva les armes susmentionnées, après que la mort sans enfants de son aîné eut transmis la seigneurie d'Asnières à sa branche. Telle est l'explication de ce qu'on lit ci-dessus. Quant à l'origine de ladite maison de la Chapelle, si quelqu'un en était curieux, nous répondrions que plusieurs bonnes raisons, notamment un de nos actes où la seigneurie de la Chapelle est dite avoir été *en parage*, tenue de toute ancienneté des seigneurs de Pons, et contenant plusieurs *enclaves* appartenant à ceux-ci, font croire qu'elle se tire de Renaud surnommé Pélerin ( *Palmerius* ), frère cadet de Geoffroy I<sup>er</sup>, sire de Pons, lequel Renaud ayant fait partie de la première croisade, ainsi que l'indique son surnom, aurait, en conservant le champ d'argent de sa maison, substitué à la *fasce de gueules* les *trois croissants du même*, afin de perpétuer la mémoire de son expédition. C'est, du reste, ce qui se pratiquait alors; en preuve de quoi on peut citer les *merlettes*, les *besans*, etc., qui n'ont pas d'autre source que celle-là.

Cependant, avant l'adoption précitée, les seigneurs d'Asnières avaient certainement un écusson patrimonial. Quel était-il? *une fasce unie*; à quoi nous ajouterons *de gueules en champ d'argent*, c'est-à-dire, en termes de l'art, *d'argent à la fasce unie de gueules*.

La preuve en est, quant à la *fasce*, qu'elle se voit très-distinctement sur le sceau d'un des nôtres ( Robert d'Asnières ), écuyer d'écurie du duc d'Orléans (Louis, 2<sup>me</sup> fils du roi Charles V), lequel sceau, conservé à la bibliothèque royale, pend à une quittance donnée par lui le 14 novembre 1403, « de ses gaiges d'un mois pour aller en la compaignie d'icelui seigneur ( le duc d'Orléans ) *ès parties de Lombardie et d'Italle.* » Cimier, *tête de sanglier;* supports, *deux léopards.* Nous avons dit un des nôtres; c'est ce qui résulte sans contestation de ce que nos *preuves de cour* mentionnent comme nous appartenant d'après les titres produits, un sujet nommé *Robert d'Asnières, écuyer d'écurie du duc d'Orléans en* 1403, 1406, et s'apprêtant à le suivre en la dite année 1403, *ès parties de Lombardie et d'Italle.*

Il est vrai que cette *fasce unie* est accompagnée de trois roses posées 2 et 1 ; mais nul n'ignore que cette adjonction est une *brisure* de cadet, et qu'il faut en faire abstraction pour avoir l'écusson pur de l'aîné; de telle sorte que dans l'espèce, la *fasce* reste pour cet écusson comme on l'a dit. Notez que ce Robert d'Asnières était petit-fils aîné de Hélie, troisième frère de Gombaut III, seigneur d'Asnières, et dès lors appartenait réellement à une branche cadette de sa maison ( 2$^e$ d'abord, 1$^{re}$ ensuite, par la mort sans enfants de Pierre, second frère ); que cette branche a été formée vers 1285, c'est-à-dire après l'introduction des *brisures;* que son rang généalogique ne l'obligea qu'à une simple *brisure* représentée par les trois roses accompagnant la *fasce,* et que cet écusson est naturellement devenu celui de Robert, aîné de cette ligne.

Il ne faut pas oublier qu'à la bibliothèque sus-
nommée, se trouvent encore deux quittances
données les 8 mai et 4 juillet 1405, par Drouet
( c'est Drovet ou André ) d'Asnières, chambellan
du susdit duc d'Orléans, et scellées de deux
sceaux pareils au précédent, sauf en plus un *lambel à trois pendants;* que cette pièce s'explique en
ce que Drouet, rappelé d'ailleurs comme un des
nôtres, dans nos susdites lettres patentes d'érection (*voy*. de plus du Cange, hist. de saint Louis,
où il est nommé parmi les chevaliers que Jean,
duc de Bourbon, *désirant eschiver oisiveté*, choisit
pour le combat à outrance qu'il publia en 1414
contre 16 chevaliers ou écuyers anglais ), était,
disons-nous, le premier frère cadet de Robert,
et qu'il a dû *sous-briser* ainsi l'écu déjà *brisé* de
son aîné ( le frère suivant aurait *sous-brisé* d'un
lambel à 5 pendants, etc., *voy*. Palliot ); enfin
que ces deux derniers sceaux, soumis à la même
réduction que l'autre, fournissent un argument
analogue.

En ce qui concerne les *émaux,* ils étaient,
comme on l'a exprimé, le *gueules* pour la fasce,
l'*argent* pour le champ.

On sait, en effet, que tout changement d'émail
constituait une *brisure*. Or, 1° c'est avant l'usage
des brisures que nous sommes sortis de la tige
mère de Pons (*voy*. ci-dessus), fait antérieure-

ment justifié autrement que par les armoiries, et dès lors pouvant être invoqué sans faire *un cercle vicieux;* 2° suivant le recueil du héraut d'armes Cécille, cité plus haut, les émaux des sires de Pons étaient le *gueules* et l'*argent*, l'un pour la *fasce*, l'autre pour le *champ;* tels furent donc aussi les nôtres, sous peine d'avoir *brisé* quand les *brisures* n'existaient pas.

Nous savons qu'avant les *brisures*, les cadets adoptèrent quelquefois à tel ou tel titre, d'autres armes que celles de leur maison; mais alors il y avait *changement de pièces*, tandis que chez nous, il y a au contraire *similitude :* témoin la *fasce;* or, cette similitude prouvant que le cas ci-dessus marqué n'a pas été le nôtre, notre argument garde sa force.

Que si quelqu'un s'étonnait de ce que nous cadets avons porté les *pleines armes* de nos aînés, il serait dit, conformément à ce qu'on vient de lire : formés avant les *brisures*, nous dûmes avoir les mêmes armes que les sires de Pons, sauf telle ou telle marque extérieure, le cimier par exemple (et la légende) effectivement différent; formés plus tard, nous eussions incontestablement *brisé*.

Rappelons-nous, d'ailleurs, que depuis leur origine, les seigneurs d'Asnières ont été *parageurs* de Pons, et que la coutume eût-elle voulu qu'avant 1200, les cadets *brisassent* déjà les armoiries de la maison, cette coutume ne nous eût pas obligés, à raison de l'égalité résultant de là tenue en parage. Cette considération pourrait même servir à borner à ce peu de mots tout ce qu'on a dit sur la similitude des armoiries : *dès leur formation les seigneurs d'Asnières ont été parageurs de Pons, donc leurs armes furent semblables à celles des sires de ce nom.*

Cela déduit, nous demanderons à toute personne de bonne foi, s'il est possible que des seigneurs possessionnés dans les domaines des sires de Pons, et tenant d'eux leurs fiefs patrimoniaux, aient pu avoir les armes de ceux-ci, en y comprenant les supports (lions ou léopards), sans être de la même famille, et si une telle identité, rapprochée de la sépulture commune dans l'église de l'Hôpital-Neuf de Pons, n'est pas une preuve irrésistible que les premiers nommés venaient des autres ?

Le facétieux curé de Meudon revenait souvent à ce que, Dieu sait pourquoi, il appelait *matière de bréviaire.* On ne lui en a pas fait un crime, puisqu'il n'a pas été brûlé; c'est ce qui nous enhardit à revenir encore un peu à ce qu'on pourrait nommer justement *matière de fief et de blason.* Nous dirons donc, à tout hasard, qu'indépendamment des armes que nous avons signalées comme antérieures à celles qu'ils ont portées en dernier lieu, les sires de Pons en ont eu de *primitives*, savoir, *un bandé d'or et de gueules de six pièces* (voy. le *Promptuaire armorial* de Jean Boisseau, où elles sont ainsi décrites). Or, telle est l'explication de leur *fasce bandée d'or et de gueules de six pièces* (dernières armes). On a vu, en effet, qu'après avoir épousé l'héritière de la vicomté de Turenne, ils portèrent mi-parti, au premier, *d'argent à la fasce de gueules* (armes empruntées par eux au rameau sorti des vicomtes d'Aunay et dit *de Pons* à cause de ses fiefs à Pons, dont, vers 1200, Bertrand II, sire de Pons, avait épousé la riche héritière, et qui, adoptées par Poncius, second fils du dit Bertrand, furent transmises à Geoffroy I<sup>er</sup>, son fils, devenu sire de Pons par la mort sans enfants du fils aîné, frère de ce même Poncius); au second, *coticé d'or et de gueules de* 10 ou 12 *pièces* (armes de la vicomté de Turenne). Cependant un arrêt relatif à cette vicomté en ayant alloué une partie (notamment la ville de Turenne) aux parents consanguins du dernier vicomte, les sires de Pons ne purent conserver les 10 ou 12 cotices de Turenne, et revinrent au *bandé d'or et de gueules de six pièces*, tel que l'avaient porté Bertrand II, son premier fils, ainsi que leurs prédécesseurs, et, conservant le champ d'argent du rameau d'Aunay dont ils provenaient par une mère, posèrent le dit *bandé* en *fasce*. Mais d'où provient la ressemblance frappante (sauf la légère différence qui distingue une *bande* d'une *cotice*, jointe au nombre des pièces) qu'on remarque entre les armes primitives de Pons et celles de la vicomté de Turenne? Nous le savons bien. Toutefois, comme cette nouvelle discussion nous entraînerait trop loin, nous dirons seulement ici que les premiers vicomtes de Turenne (auxquels succédèrent les vicomtes de Comborn) et les sires de Pons sortaient de la même tige.

IXe Témoignage. Le droit *d'amortissement*, c'est-à-dire, celui de pouvoir aumôner des fiefs aux églises sans l'aveu du seigneur dominant, était un *droit régalien*. Les sires de Pons en jouissaient avant l'ordonnance restrictive de Philippe le Bel, rendue vers 1291, puisque cette ordonnance tendit à les en priver. Nous l'avons exercé nous-mêmes plusieurs fois, attendu d'abord qu'en 1252, Gombaut Ier, seigneur d'Asnières, donna à *Dieu et au prieuré de Saint-Genis* près Plassac, tout son fief de Sarminières (*de Sarmineriis*), alors tenu (en parage) du sire de Pons, sans l'aveu de celui-ci (*voy.* l'acte, où cet aveu n'est ni mentionné ni même remplacé par le sceau dudit seigneur); ensuite que Robert *de Asneriis* (frère du précédent Gombaut) accensa perpétuellement à Robert, prieur de Saint-Genis, son fief de la Bar-

benchière, celui qu'il avait à Sarminières, etc.,
non-seulement sans l'autorisation du seigneur
d'Asnières dont ils mouvaient en directe, mais
encore sans celle du seigneur de Pons dont ils
étaient arrière-fiefs, toutes choses résultant de
la pièce même.

Mais à quel titre, nous simples seigneurs de
fiefs, exercions-nous un droit que le roi de France
disputait aux grands vassaux de la couronne ?
assurément, parce que nous appartenions à une
maison qui en était investie, et que notre état de
*parage* avec elle nous en faisait partager le bénéfice.
Mais quelle était cette maison? Tout ce que nous
avons précédemment énoncé, établit qu'on ne
saurait en chercher une autre que celle de Pons ;
la particularité susdite est donc un nouveau
moyen à l'appui du fait en question.

Nous pourrions encore exposer deux autres
fort bons témoignages ; mais nous les passons,
pour abréger. Il nous suffira de dire à cette occasion, que des alliances comme celles de Gombaut I^er, seigneur d'Asnières, avec Arsende *de Lusignan* (peu après 1200), sans compter le mariage
de Guillaume I^er, son fils, avec Marguerite *d'Al-
bret*, non complétement éclairci ; de Gombaut III,
*idem* (1317) avec Agnès *de Maumusson* (maison
des sires ou princes de Blaye) ; de Hélie, son fils,
avec Létice *de Pons*, etc., ne sauraient guère

s'expliquer, vu les mœurs du temps, que par l'origine en question. Quant aux subséquentes, il serait répondu au besoin : *Aitz*, *Maisonnay*, *Barbesières* (tous d'ancienne chevalerie); encore *Lusignan*, *la Tour-d'Aizenay* (autrement *Thurn*, un d'eux élu roi de Bohême); encore *Thurn*, puis *Montmorin* (mère du soussigné, dont une aïeule était Bourbon), et pour le *matrimonium* d'icelui, *Lara* (infant de Castille, *vrai* Narbonne).

## § II.

### RAISON SPÉCIALE.

Il s'agit maintenant d'établir que *Pontus* était fils de Renaud I<sup>er</sup>, sire de Pons, fils aîné de Geoffroy I<sup>er</sup>, *idem* et d'Agnès, dame d'Oléron (sa première femme) : c'est ce que nous allons justifier doublement.

*Première justification.* Elle résulte principalement de deux actes, savoir : d'abord, d'un partage opéré en 1200 entre Poncius et Artaud de Clermont, qu'Agnès avait eus d'Aichard de Clermont son premier mari, puis Renaud de Pons et Geoffroy son frère, provenus du second mariage de cette dame avec Geoffroy I<sup>er</sup>, sire de Pons, document précieux conservé aux archives générales du royaume, et dont nous possédons une expédition en bonne forme ; ensuite d'un accensement perpétuel de divers fiefs fait en 1281 par Robert d'Asnières au prieuré de Saint-Genis, lequel, déjà mentionné, fait partie de nos *preuves de cour*.

Le premier acte où sont exprimés le nom des deux maris d'Agnès, celui des quatre fils et d'une fille (Mabirie) qu'elle en eut, et même celui de son père Geoffroy-Martel (de la maison d'Angoulême), stipule, entre plusieurs autres dispositions, qu'à Poncius, l'aîné des enfants du premier lit, appartiendrait la terre d'Oléron, bien paternel, et que Renaud de Pons, aîné du second lit (c'est Renaud I^er, devenu sire de Pons), aurait en partage le château ou maison forte de la terre de Viroul, qu'on appelait la Barbenchière (*Barbacanis*), ce qui était *dessous*, ainsi que *tout* le vieux Plassac (*Plaisamentum*), lesquels biens provenaient de la mère d'Agnès. *De terrâ siquidem quam habebat ex parte matris suæ tale fecit testamentum quod Reginaudo de Ponte quem prius suscepit de Gaufrido de Ponte, dedit receptum de Virolio, hoc est de Barbacanis infrà cum toto veteri Plaisamento.*

Le second acte est ainsi conçu : « Robert *de Asneriis*, valet (écuyer), donna à cens perpétuel, le mardi après l'Assomption 1281, à Robert, prieur de Saint-Genis près Plassac, son fief de la Barbenchière, de Sarminières et le Choumar, mouvant du seigneur d'Asnières et tenu en arrière-fief du seigneur de Pons, moyennant 4 liv. de

4.

cens annuel, et sous la réserve de l'hommage à lui dû par *li Roquat de Sancto Sigismondo de Clarmont.* Cet acte passé sous le sceau des chanoines de Saintes.» (*Preuves de cour*).

Tout cela déduit, voici l'argumentation.

Le premier acte nous apprend que Renaud de Pons avait reçu de sa mère le château de la *Barbenchière.* Il est établi par le second, que Robert d'Asnières avait tout ou partie du fief de la *Barbenchière.* Si donc ce bien maternel de Renaud de Pons n'est venu entre les mains de Robert qu'à titre de succession, il s'ensuivra que Robert descendait de Renaud; et comme il provenait de *Pontus,* premier auteur de la maison, que celui-ci, *a fortiori,* avait reçu ledit fief au même titre successif; et puisqu'il avait appartenu à Renaud, que *Pontus* était son fils. Or, Robert tenait son fief comme héritier de Renaud de Pons.

Le premier membre de cette preuve consiste en ce que Renaud possédait du chef de sa mère une partie de la terre de Viroul, et certainement un des châteaux de cette même terre, lequel était nommé la *Barbenchière*; que Poncius de Clermont en possédait une autre au même titre : *si verò dictus Poncius castrum de Ansenac retinere voluerit, receptum quod erit in portione suâ de terrâ Virolio diruitur, et si non factum fuerit, non ædificabitur,* etc. (*Partage de* 1200 *déjà cité*).

Que la portion de Renaud comprenait le principal de la terre, puisqu'il y avait un château ou maison forte, et que Poncius était dans l'obligation de détruire le château dans la sienne, dès-lors moindre, s'il y en avait un, et dans le cas contraire de n'élever comme fortification; joint surtout à ce que vers 1252 on voit Renaud, sire de Pons, léguer à son second fils Raimond « les terres de *Viroul*, de Lorzine, etc. » (Généal. de Pons). Enfin et conséquemment que, suivant l'usage commun, Poncius de Clermont, bien que fils aîné du premier lit, était, pour sa portion de la terre de Viroul, vassal de Renaud de Pons, en tant que celui-ci avait la possession du château de la Barbenchière, par suite de quoi il lui devait l'hommage, les frères seulement utérins ne pouvant être parageurs l'un de l'autre. Voyez à l'égard de ce dernier point, le testament susdit, en ce qu'Agnès ordonne aux fils de Geoffroy de Pons de recevoir leurs fiefs du seigneur dominant de la terre (c'était Adémar comte d'Angoulême), ainsi que de leurs frères Poncius et Artaud de Clermont, puis de *parager* entre eux ladite terre, suivant l'usage entre frères : *Præcepit etiam prædicta domina Agnes quod filii Gaufridi de Ponte recipiant feoda a domino prædictæ terræ et aliis fratribus suis, scilicet Pontio et Artaudo filiis Aichardi de Claromonte, dictam terram* pareschant *sicuti fratres fratribus ;* et qu'elle n'eût pas manqué, si la coutume l'eût permis, de prescrire également le parage entre les Clermont et les Pons, d'autant plus que les quatre frères furent partagés par moitié dans d'autres biens. *Ità divisit quod filii Aichardi de Claromonte . . . in omnibus medietates haberent, prædicti verò filii Gaufridi de Ponte . . . in omnibus medietatem haberent,* etc.

Quant au second membre de la preuve en question, il résulte de ce que Robert d'Asnières possédait le fief de la Barbenchière ; qu'il avait pour vassal un seigneur appelé *li Roquat* ( le cadet sans doute ) de Saint-Sigismond de Clermont ; que ce dernier était un descendant de Poncius de Clermont, Saint-Sigismond de Clermont ou Clermont étant le même nom. Voyez notamment Expilly ( *Dict. géogr.* ), où il se lit : « CLERMONT ou Saint-Sigismond de Clermont, en Saintonge ; cette paroisse est située à deux lieues de Pons, etc. »

En un mot, et comme conclusion de ce que dessus, qu'il est impossible de méconnaître dans Robert possesseur de la Barbenchière, et à cause de ce fief ayant un Clermont pour vassal, *l'héritier* de Renaud de Pons, jadis possesseur de la Barbenchière, et à cause de ce fief ayant pour vassal Poncius de Clermont son frère utérin. Nous avons dit héritier, mot à la justification duquel un seul fait pourra suffire ; c'est à savoir, précisément l'hommage que *li Roquat* devait à Robert. Il est incontestable en effet, que si Renaud avait donné son fief de la Barbenchière, non pas à un fils, mais à un étranger, il aurait retenu l'hommage de son frère utérin, comme cela se pratiquait généralement par un motif aisé à comprendre. Or, ceci n'ayant pas eu lieu, puisqu'un descendant de ce frère était hommager de Robert, l'assertion se trouve démontrée.

La réserve que Robert fit de l'hommage de *li Roquat*, vient à l'appui, en ce que la raison déterminante a dû être la parenté du seigneur et du vassal ; que cette parenté n'était certainement pas masculine ; qu'il faut dès lors remonter à une aïeule commune, et qu'Agnès, dame d'Oléron, étant celle de *li Roquat,* comme femme d'Aichard ·de Clermont son auteur, se trouvait également celle de Robert; ce qui entraîne preuve pour la descendance de celui-ci (par Renaud) de Geoffroy I$^{er}$, sire de Pons, second mari de cette Agnès. On conçoit de plus que si Robert et *li Roquat* n'avaient pas été parents, il importait peu à ce dernier d'avoir pour seigneur le prieur de Saint-Genis, un étranger valant l'autre, joint à ce que Robert n'aurait pas eu un grand intérêt à soustraire *li Roquat* à l'hommage du susdit prieur. Pourquoi, d'ailleurs, puisque l'hommage inhérent à la Barbenchière n'avait pas été reservé quand ce fief sortit des mains de Renaud, l'aurait-il été postérieurement lorsque Robert se dessaisit du même fief?

*Seconde justification.* Nous avons vu plus haut qu'avec la Barbenchière, et ce qui était sous (*infrà*), Renaud de Pons avait également reçu tout le vieux Plassac (*Plaisamentum*). Mais Gombaut Ier, seigneur d'Asnières, possédait un fief à Plassac et sous Plassac : « Gombaut *de Asneriis*, chevalier, reprit en augment de fief, de Renaud seigneur de Pons . . . l'an 1235, le fief de Sarminières... le fief qu'il avait à Plassac et sous Plassac (*Placeat* dans l'acte), et qu'il ne tenait d'aucun seigneur, pour lesquels il ne fut tenu à autre *féauté* et acapt que ceux qu'il devait audit seigneur, pour ses . . . maisons *de Asneriis* et autres fiefs qu'il tenait de lui, etc. » ( *Preuves de cour*); de sorte que voilà encore le seigneur d'Asnières possesseur d'un fief compris dans un de ceux que Renaud de Pons avait reçus de sa mère. Quant à la source de celui-ci, elle n'était certainement pas autre que celle du premier, puisque venant tous deux d'Agnès, alloués tous deux à Renaud de Pons, puis advenus au seigneur d'Asnières, leur transmission ne saurait avoir été différente. On peut ajouter que si Renaud l'avait aliéné en faveur d'une personne étrangère à sa famille, il n'eût pas manqué d'imposer à cette personne la condition de l'hommage ; que cela n'est pas, l'acte ci-dessus transcrit disant nettement que Gombaut ne tenait le fief en question *d'aucun seigneur,* et par suite que l'hérédité est la seule voie qui puisse servir d'explication. Au surplus, ledit fief à et sous Plassac était un *aleu noble* qui, aleu entre les mains d'Agnès, resta aleu dans celles de Renaud, et conserva son caractère dans celles de Gombaut, jusqu'à ce que, se conformant à une pratique fréquente alors, ce dernier en eut fait un vrai fief en le *donnant* comme aleu au seigneur de Pons (son oncle), et le *reprenant* de lui *en augment de fief.* Or, notez à l'appui de l'hérédité ci-dessus exprimée, 1° qu'alors un *aleu noble* avait beaucoup d'importance à raison de ses immunités ; que lorsque son possesseur le fieffait à un seigneur *étranger* à sa famille, celui-ci finançait toujours (il y en a maints exemples) ; que nulle finance n'est stipulée dans l'acte précité, et que cela seul prouverait que Gombaut traitait avec un parent ; 2° que cet *aleu* devenu *fief* n'astreignit à rien qu'à la féauté (sans hommage) ; que cette circonstance est une marque certaine que ce même fief devint *fief de parage;* 3° qu'il n'y avait pas de parage sans *consanguinité.* (Voy. d'ailleurs ci-après).

Cependant Gombaut Ier, fils certain de *Pontus,* comme on le lit textuellement dans l'acte de 1250, ci-dessus rapporté, n'a pu recevoir lesdits fiefs à et sous Plassac, que de son père; donc encore, puisque ces fiefs avaient fait partie des biens que Renaud de Pons avait reçus de sa mère, *Pontus* les tenait de Renaud, dont par conséquent il était fils.

*Résumé de ce paragraphe.* 1° Les fiefs de la Barbenchière et de Plassac, appartenant à Agnès, dame d'Oléron, étaient advenus à Renaud Ier, comme héritier de ladite dame sa mère. 2° Plus tard, ces mêmes fiefs se trouvent entre les mains de Gombaut et de Robert d'Asnières, sans qu'il y ait eu aliénation; donc les deux sujets ci-dessus nommés descendaient de Renaud de Pons, Ier du nom.

Ceux qui connaissent les usages de ces temps reculés n'auront pas même la pensée que les fiefs sus-énoncés ont pu nous venir d'une fille de Pons qu'un des nôtres aurait épousée. A l'égard des autres, peut-être ne sera-t-il pas inutile de rappeler qu'alors les filles ne recevaient pas de fiefs en dot, quand elles avaient des frères : à l'appui de quoi nous citerons d'abord Mabirie, fille d'Agnès, dame d'Oléron et sœur des deux Clermont, qui, aux termes de l'acte de 1200, dont il a été question ci-dessus, n'eut en mariage que des deniers sur la terre d'Oléron, et demeura étrangère au partage que firent ses frères des biens de leur mère commune. *Dedit terram de Olerone, exceptis decem libris quas ipsa Agnes dederat Mabiriæ filiæ suæ uxori Gaufridi Rudelli in maridagio;* ensuite *toutes* les filles de Pons qui jamais ne furent autrement dotées. ( *Généal.* de Pons ).

Nous présumons également qu'il ne saurait exister aucun doute sur la question de savoir si, d'une part, notre *Barbenchière* est le *Barbacanis* de l'acte précité, et d'autre part, si le *Plassac* où nous avions un fief *à* et *sous*, est celui que le même acte désigne par ces mots : *cum toto veteri Plaisamento*, précédés de ceux-ci : *de Barbacanis infrà*. Dans le cas contraire nous dirions : sur le premier point, que *Barbacanis*, composé de deux substantifs *barba*, barbe, et *canis*, chien, est la traduction (en bas latin) de *la Barbenchière*, primitivement *la Barbechien*, nom analogue à celui de *Gailechien*, qu'on voit cité comme lieu dans du Cange au mot *Plaisaitium*. Sur le second point, 1° que *Plaisamentum* est d'autant plus sûrement la traduction (toujours en mauvais latin) de *Plassac*, que notre acte portait *Placeat*, comme M. Cherin a pris la peine de le marquer entre parenthèse; 2° que la racine de *Plaisamentum* et de *Placeat* (lieu de plaisance) est *placere*, plaire; 3° que la préposition *infrà* se lit dans l'acte d'Agnès, immédiatement avant le vieux *Plaisamentum*, et que le nôtre offrait accolé à *Placeat*, le mot *infrà* rendu par *sous* ; 4° que le *Plaisamentum* d'Agnès avait plusieurs membres, puisqu'elle s'est servi du mot tout (*cum toto veteri Plaisamento*); et que notre *Placeat* avait aussi plusieurs membres, puisque nous avions un fief *à* et *sous* ; par suite de quoi les deux actes ont voulu parler du même lieu.

Quant à la manière dont quelques-uns de ces fiefs sont arrivés en nos mains, il suffira de dire succinctement que Renaud de Pons les ayant reçus, comme on l'a marqué, en donna plusieurs portions à *Pontus de Asneriis*, son 3e fils, indépendamment du fief d'Asnières et autres, faisant partie de la sirerie de Pons; que *Pontus* étant mort, Gombaut Ier, son fils aîné, eut en partage le fief d'Asnières et autres voisins de Pons, plusieurs des fiefs dits de Sarminières, le fief à et sous Plassac, etc., tandis que Robert *de Asneriis*, son fils puîné, obtint, sans doute avec quelques fiefs situés non loin de celui d'Asnières, le fief de la Barbenchière, un des fiefs nommés Sarminières (il y en avait au moins trois connus sous cette dénomination), etc., accensés par lui au prieuré de Saint-Genis, à la proximité duquel ils se trouvaient.

Voici au surplus l'explication visuelle de ce qu'on vient d'exposer.

GEOFFROY I , VIᵉ sire de Pons, marié 1° avec Agnès , dame d'Oléron de Viroul , etc.;
2° à N... de Mortagne. Né vers 1130 , mort en 1191.

1° RENAUD I , sire de Pons , né vers 1150 , ayant eu de sa mère Agnès le château de la Barbenchière, tout le vieux Plassac, etc. Mort en 1228.

2° GEOFFROY de Pons, co-partageant dans la succession d'Agnès sa mère. Sans enfants.

3° RICHARD , seigneur de Mortagne du chef de sa mère. Sans enfants.

1° RENAUD II , sire de Pons, mort en 1248. Acte de 1235 , avec Gombaut I , seigneur d'Asnières (son neveu).

2° RUDEL , seigneur de Mortagne , après son oncle.

3° N... dit PONTUS , seigneur d'Asnières, né vers 1175, déjà mort en 1235 , ayant eu les fiefs d'Asnières et autres, faisant partie de la sirerie de Pons ; ceux de la Barbenchière, à et sous Plassac, des Sarminières , etc.

Etc. Suite des sires de Pons, éteinte.

Etc. 2ᵉ maison de Mortagne, éteinte.

1° GOMBAUT I , seigneur d'Asnières , ayant eu les fiefs d'Asnières et autres, partie des Sarminières , le fief à et sous Plassac, etc.

2° ROBERT d'Asnières, ayant eu la Barbenchière, partie des Sarminières, etc., qu'il accensa au prieuré de St.-Genis, sauf l'hommage de *li Roquat* de Clermont. Sans enfants.

Etc. Suite des seigneurs d'Asnières, existante.

Sus donc, Messieurs, chanterons-nous maintenant, afin d'interrompre un peu la *basse continue* qu'on vient d'entendre? Me tient-on quitte pour cette fois? et désormais, bien assis *à la française* sur ma vieille monture à tous crins, puis-je chevaucher sans plus de noise, en répétant avec feu le bon Fontenelle :

Il fait en ce beau jour le plus beau temps du monde,
Pour aller à cheval sur la terre et sur l'onde?

C'est, au surplus, comme on voudra. S'il faut griffonner derechef, l'encre, la plume de métal et le papier-coton ne sont pas chers; s'il faut re-batailler, le noble animal et moi serons encore là *l'un portant l'autre.* Mais *à propos de botte*, est-ce que par hasard certains neveux du roi Priam se seraient imaginé que mon cheval est celui de Troie, et se flatteraient d'accréditer cette inculpation *renouvelée des Grecs?* Qui sait? l'esprit de l'homme ressemble à son estomac; il est *omnivore.* D'autre part, ce serait d'une rude digestion... En tous cas, *arrive que pourra;* je ne sonnerai mot là-dessus. A l'égard des personnes dont le translateur de l'ancienne histoire de *sire Raoul* et de la *belle Ermeline*, roman *historique* du XIVe siècle, a parlé en ces termes dans sa préface : « Car ils ne font pas foule ceux-là qui aiment le nom de leur voisin, » nous dirons d'abord que, ne déniant à qui que ce soit, noble ou non, la faculté large-ment exercée de *se faire* ce que bon lui semble, depuis le chevalier jusqu'au duc inclusivement, sans excepter le pacha à deux ou trois queues, nous devons bien obtenir celle de nous arranger avec les noms et qualités *tout faits* que l'*inventaire* de la famille nous présente; ensuite.... Mais à quoi tend ce propos-là? depuis qu'une *fraternité* universelle est devenue l'état normal de notre pays régénéré, peut-il exister encore des gens qui *maigrissent de l'embonpoint d'autrui?* Non, non, sans doute; à tel point même que nous croyons être agréable à ces mêmes personnes converties, en donnant ici par surcroît l'origine de la race ancienne dont le destin nous a fait naître. Or, si je ne m'abuse en cela, qu'elles veuillent bien jeter un coup d'œil sur le *post-scriptum* n° 2 qui va suivre à leur intention : malheureusement c'est encore de la *contre-basse*.

## POST-SCRIPTUM II.

Tous ceux qui ont parcouru nos annales peuvent savoir que les sires de Pons, hauts barons d'Aquitaine, puis *barons du royaume*, c'est-à-dire vassaux de la couronne (*Cartul.* de Philippe-Auguste), devenus vicomtes de Turenne en partie, vicomtes du Carladèz, sires ou princes de Blaye, princes de Mortagne-sur-Gironde, comtes de la Marche et d'Angoulême, mais peu de temps, grâce au droit du plus fort, et quel fort, puisque c'était le roi de France ; en un mot, notables *terriens*, vu qu'ils comptaient dans leurs domaines 60 villes ou bourgs et plus de 600 paroisses ou terres seigneuriales où ils levèrent quelquefois jusqu'à 10,000 hommes de pied et 600 chevaux ; *conservateurs des trêves* conclues par les rois de France et ceux d'Angleterre, souvent *médiateurs* entre ces souverains ; pour la plupart grands hommes de guerre, surtout Renaud VIII et Jacques I<sup>er</sup> son fils, dont la mémoire devrait être en certaine estime, si avoir définitivement expulsé les Anglais des deux Aquitaines, et ce avec leurs propres troupes, vaut quelque chose aujourd'hui après l'*escompte*, l'*éloquence parlementaire,* voire même le noble *jeu des boules,* etc., ont, disons-nous, assez marqué sur la carte jusqu'à l'extinction de la ligne directe arrivée sous Henri III dans la personne d'Antoine, dernier sire de Pons effectif. Il en est autrement quant à leur origine toujours considérée comme très-illustre (ce qu'ils n'ignoraient pas, le personnage ci-dessus nommé ayant dit un jour au duc de Ferrare qu'il était de meilleure maison que lui, ce qui les brouilla), mais demeurée comme ensevelie sous la rouille épaisse du temps.

Armand Maichin rapporte dans son histoire de Saintonge une ancienne tradition qui remontait leur formation aux anciens comtes d'Angoulême, chose dont, ajoute-t-il, « on ne doit guère se « mettre en peine, les sires de Pons n'étant guère « inférieurs à ces comtes-là ; » d'autres ont pensé qu'ils provenaient des vicomtes d'Aunay, maison puissante au $X^e$ siècle, et principalement possessionnée en Aquitaine (comté de Poitou). Ces deux opinions auxquelles nous nous bornons ici pour abréger, ne sont ni entièrement vraies ni entièrement fausses, un auteur des sires de Pons ayant été réellement comte d'Angoulême, mais bénéficiaire, et un des leurs ayant effectivement épousé l'héritière d'un rameau sorti de la maison d'Aunay, dont, au surplus, l'extraction avait la même source que la leur. Voyez pour tous ces faits, et partie de ceux qui suivront, le travail spécial que nous avons rédigé sur la matière, travail auquel force nous est de renvoyer encore faute d'espace.

La vérité sur la question est que le premier sire de Pons, vivant en 989, suivant ce qu'on lit dans les *preuves* faites sur titres produits pour l'ordre du Saint-Esprit (premières promotions), par Antoine sire de Pons, *preuves* négligées à tort par quelques-uns, était un sixième descendant d'Adelelme I$^{er}$, quatrième frère de Saint-Guillaume, duc d'Aquitaine. (Nous dirons les degrés plus loin.)

C'est ce qui résulte *incontestablement*, 1° d'un acte émané de la cour pontificale; 2° de textes qui seront mentionnés; 3° d'une particularité historique que nous exposerons à sa place.

*Première justification.* Les titres relatifs à la maison de Pons établissent en fait que Renaud III, sire de Pons, épousant Marguerite Rudel, dame de Bergerac et de Turenne, fille unique de Hélie Rudel (IV), sire de Bergerac, dut solliciter une dispense; qu'il l'obtint, et que le bref expédié à cet effet (Lyon, année 1251) par le pape Innocent IV, déclare les deux futurs époux parents de chacun des côtés, *ex utroque latere*, c'est-à-dire, 1° suivant les mêmes titres, parents du côté féminin, à cause d'Agnès dame d'Oléron, trisaïeule de l'époux comme femme de Geoffroy I<sup>er</sup>, son troisième aïeul; trisaïeule de l'épouse, comme mère de Mabirie de Clermont, bisaïeule de ladite épouse, et par conséquent au 4<sup>e</sup> degré, proximité qui nécessita la dispense; 2° parents du côté masculin à cause d'un auteur commun aux deux maisons, aucune d'elles n'étant branche de l'autre (fait certain). Si donc en remontant la généalogie des sires de Bergerac, on arrive à l'Adelelme I<sup>er</sup>, quatrième frère de Saint-Guillaume, dont on a parlé ci-dessus, il s'ensuit, par *voie de conséquence forcée*, que cet Adelelme est également l'auteur des sires de Pons. Or, c'est ce qu'expriment les faits suivants qui, dans le travail sus-mentionné, sont accompagnés de leurs preuves.

1° Les sires de Bergerac ont été formés par un des fils de Hélie IV, dit Rudel, comte de Périgord, fils aîné de Hélie III, son prédécesseur, lequel fils, tué avant 1147 dans la guerre que son père fit au vicomte de Limoges (Adémar, dit le Barbu), laissa un rejeton que Boson III, frère cadet du dit Hélie III, priva de son droit d'aînesse dans le comté de Périgord, et réduisit à la sirerie dont la ville de Bergerac était le chef-lieu.

2° Hélie III, comte de Périgord, ci-dessus

nommé, avait pour 4ᵉ aïeul, Boson, dit le Vieux, comte de la Marche Limousine, puis du Périgord.

3° Ce dernier était petit-fils de Geoffroy, premier comte de Charroux, autrement dit de la Marche Limousine (*chronique* de Maillezais).

4° Geoffroy, comte de Charroux, avait pour oncle paternel Arnaud, duc de Gascogne, et conséquemment était fils d'Adelelme II, le seul des frères du duc Arnaud qui ait eu postérité.

5° Le duc Arnaud et son frère Adelelme II furent les fils incontestés d'Emenon, comte bénéficiaire de Poitiers, puis d'Angoulême et du Périgord, décédé en 866.

6° Enfin, selon dom Vaissette, et les auteurs de l'Art de vérifier les dates, parlant d'après les autorités contemporaines, non moins qu'en vertu de textes glanés par nous dans le vaste champ où ces érudits ont moissonné, le dit Emenon était le cinquième fils d'Adelelme Iᵉʳ, quatrième frère de Saint-Guillaume, que nous avons signalé comme le premier anneau de cette chaîne.

Cet Adelelme, auteur des sires de Bergerac, l'était donc aussi des sires de Pons.

*Seconde justification.* En ce qui touche les textes précités, nous dirons, en renouvelant notre observation quant aux témoignages, que, suivant leur contenu, Aimar ou Adémar, premier sire de Pons (vivant en 989), et dont provinrent tous les sires de Pons subséquents, était le quatrième fils d'Adalbert, vicomte de Limoges, c'est-à-dire du haut Limousin, troisième fils de Geoffroy, premier comte de la Marche Limousine, ou, en d'autres termes, comte de Charroux, ancienne capitale de cette Marche; lequel Geoffroy, comme on l'a vu ci-dessus, ayant Adelelme Ier pour troisième aïeul, nous fait remonter à ce dernier l'ascendance du susdit Aimar.

*Troisième justification.* Nous venons de voir qu'Aimar, premier sire de Pons, était 4e fils d'Adalbert, vicomte de Limoges; or, il est incontestable que les vicomtes de Limoges appartenaient à la même race que les comtes de Périgord et de la Marche, fait d'ailleurs exprimé en ces termes par Geoffroy, prieur du Vigeois (cap. 44): *Lemovicensis vicecomes Ademarus interim partem terræ comitis Petragorici*, jure consanguinitatis *exigebat*, etc. (*Voy.* d'ailleurs le grand travail précité). Les sires de Pons, consanguins des vicomtes de Limoges, étaient donc aussi consanguins des comtes de Périgord; et comme ceux-ci provenaient d'Adelelme Ier, 4e frère de Saint-Guillaume, ainsi que nous l'avons énoncé précédemment, donc encore les sires de Pons descendaient de cet Adelelme.

Assurément, trouver un premier auteur dans la personne du quatrième frère d'un duc d'Aqui-

taine, non moins grand dans la légende que dans
l'histoire, n'est sans doute pas déjà trop mal ; de
sorte que si service y a, peut-être est-il permis
de croire que c'en est un rendu au nom de Pons.
Je veux faire plus cependant, et, comme on dit,
pousser ma pointe. Revenant audit Saint-Guillaume, il sera donc ajouté, de même que pour
ses frères bien entendu , qu'il était fils du comte
ou duc Théodoric, *parent consanguin* de l'empereur Charlemagne, suivant tous les annalistes, soit
contemporains (Éginhart entre autres), soit posté-
rieurs, notamment les grandes chroniques de
Saint-Denys, où le fait est exprimé dans ce lan-
gage : « En leur voie encontrerent le comte Théodoric qui cousins estoit le roy ; » et cela (nous en
avons preuves), comme petit-fils d'un personnage ( *vir inluster* ) chef d'une branche collaté-
rale de la dynastie formée par Charles-Martel , le
grand vainqueur des Sarrasins, qui lui-même
était petit-fils de Saint-Arnoul, d'abord duc et
marié, puis *clerc,* puis évêque de Metz, puis ca-
nonisé. Notons seulement pour mémoire, que
sans le dit Charles-Martel nous serions tous *Ma-
humétans,* et que cet axiome moral : *la polygamie
est un cas pendable,* ne régirait pas l'Occident.
Est-ce dommage ? l'un dit oui ; l'autre non ; d'autres ne disent ni oui ni non ; mais il n'importe
en ce moment.

Ici, nonobstant la *fraternité* universelle marquée plus haut, nous ne doutons nullement, toute règle ayant son exception, qu'il ne s'élève quelque voix dont les sons articulés pourraient se traduire en ces termes : Oh! oh! vous voilà donc cousin de feu l'empereur Charlemagne (*Carolus magnus*)...excusez du peu. Eh! mon Dieu oui, cousin, comme vous le dites, bien qu'assez éloigné, j'en conviens. Mais que voulez-vous? suis-je cause, moi, qu'entre beaucoup d'autres, le grand *chéne* a fait naître devers la Saintonge, un arbuste assez verdoyant; que de celui-ci, en l'an de grâce mil et cent septante-cinq, est tombée une petite graine; qu'il en est provenu un petit arbrisseau; que ce petit arbrisseau a produit un petit rejet; enfin, comme diraient les enfants, *que le petit bonhomme vit encore ?* Certes, je me crois innocent du fait. Si toutefois il n'en est rien, comme se confesser de tout est un moyen de rémunération, nous avouerons encore que, déjà cousin de l'empereur Charlemagne, décédé à Aix-la-Chapelle, l'an 814 de l'ère chrétienne, nous le sommes également de plusieurs grands personnages portant, ayant porté, devant porter ou ne devant pas porter couronne, notamment des princes très-illustres qui, par le saint roi Louis IX, proviennent du fameux Robert dit le Fort, et fort en effet, ajoutant, d'ailleurs, en manière de vérité *Palicéenne* à l'usage de ceux qui, peu délicats sur l'article des fourrures, prennent Marthe pour Renard, ou plutôt *Renard* pour Zibeline, que nous sommes *plus cousin* de la branche aînée que des branches cadettes, quelles qu'elles soient. Quant à la déduction *par le menu* de ce dernier parentage, c'est mon *arcane*, que je garde encore *in petto*, non pas en vertu du *silence prudent* dont parle Boileau (*voy.* à la fin), mais pour cause. Cependant, comme tout le monde ne sait pas que *la Garonne* coule ailleurs que dans la Saintonge, notre berceau ; ailleurs aussi qu'au bon pays Vendéen où le sort a transplanté notre ligne, nous sentons que l'honneur de ces deux contrées exige du moins quelques paroles sur la question ; nous dirons donc :

1.º Que le susdit Robert le Fort, comte d'Anjou, duc de Neustrie, voire même abbé (laïque bien entendu) de Saint-Martin de Tours, de Saint-Denys et de Saint-Germain des Prés, aujourd'hui notre paroisse, si vous permettez, était, non pas ce que jusqu'à ce jour on a débité, répété, professé dans une multitude d'écrits, savoir, par exemple, un aventurier saxon, sans excepter le système plus digne que l'Art de vérifier les dates a formulé, mais fils d'un fils puîné de Saint-Guillaume, duc d'Aquitaine, fils de ce duc Théodoric, sujet collatéral de la maison royale formée par Saint-

Arnoul dont nous avons déjà parlé, lequel fils puîné, au surplus, ne sera pas plus nommé ici que le *vir inluster* ne l'a été ci-dessus, par la raison que ces deux points se trouvent être précisément parmi nos cas réservés.

2° Que l'auteur des sires de Pons étant Adelelme I$^{er}$, quatrième frère du susdit Saint-Guillaume, duc d'Aquitaine, aïeul de Robert le Fort, nous-même, infime rejeton des susdits sires, naguère, par autorité municipale, *chasseur-bizet* (réfractaire) dans la milice urbaine, X$^e$ légion, maintenant, grâce à Moscow, la Bérésina, Dantzig et huit ou dix mille lieues arpentées diplomatiquement sur divers chemins qui n'étaient ni de roses, ni de *fer*, couché sur le contrôle des citoyens non valides, en un mot simple rentier pour tout potage, *croutomane* et *bouquinomane* pour toute liesse, sommes réellement, si toutefois les descendants de frères sont cousins. . . . . Mais il suffit probablement.

Cette fois, Messieurs, je suis sans faute, avec la plus entière opposition,

Votre non-obéissant serviteur.

*Signé :* PRINCE-MARQUIS DE PONS-LA CHATAIGNERAYE, *Bourgeois de Paris.*

*Nota.* Je voulais mettre une simple *croix* au bas de l'épître qu'on a lue, qu'on lira ou qu'on ne lira pas *ad libitum ;* songeant pourtant qu'agir ainsi m'exposerait au double reproche de renier une *qualité native* (ô la vilaine chose qu'un renégat!) et de méconnaître celle que chacun de nous tous doit, non pas à *l'abomination de la désolation*, comme, vu la consonnance en *ion*, l'avait écrit mon copiste que Dieu ait en miséricorde, mais bien à la progression de la civilisation, j'ai cru devoir signer comme ci-dessus. Si c'est un tort, que l'intention me fasse absoudre.

*Secunda nota.* On a pu voir ci-dessus que j'ai été singulièrement bref sur ce qui concerne Robert le Fort, et ce *pour cause.* Cet excellent motif n'a pas eu le temps de changer, et je sens que pour être conséquent, il faudrait s'en tenir à ce qui a été dit. Cependant il vient de me tomber sous la main un superbe discours où certain Démosthène constitutionnel, posant *l'usurpation de Hugues Capet* en guise de majeure, s'en sert à telle fin que de raison. Or, sachant ce que je sais sur la question, il m'est impossible en conscience de ne pas toucher cette corde-là ; par suite de quoi, nonobstant la *liberté* que, par parenthèse, le peuple *le plus spirituel* a *symbolisée* moyennant le bonnet phrygien, signe d'esclavage, me voilà, dis-je, contraint de faire en partie, ce que je vou-

lais éviter. En tous cas, je serai avare de rhéto-
rique, et rappelant d'abord, en attendant mieux,
que Robert le Fort provenait d'une branche col-
latérale de la famille de Saint-Arnoul, puis faisant observer que si mes périodes sont hérissées
de *que*, de *qui*, de *lequel*, ce n'est nullement
pour lutter avec celui ou ceux qui, dans ce genre,
peuvent mériter aussi le beau surnom de *Fort*,
j'ajouterai en peu de mots :

Que toutes les branches supérieures au *Fort*
dans sa ligne, ayant défailli, il était devenu le
chef de la maison d'Aquitaine.

Qu'à défaut de la dynastie Carlienne, branche
aînée, c'était la sienne qui, *par droit de sang*, devait succéder au trône.

Que pendant la vie de Louis III et de Carlo-
man, fils aînés de Louis le Bègue, fils de Charles
le Chauve, et même après leur mort sans enfants,
le susdit défaut n'eut pas lieu, l'empereur Louis
le Gros, troisième fils de Louis le Germanique,
frère aîné du Chauve, étant leur successeur au
trône de France où il monta en effet.

Que Louis le Gros étant décédé sans enfants
en 888, il y eut question entre Charles surnommé le Simple ou le Fol (*stultus*), troisième
fils que Louis le Bègue avait eu d'une seconde
femme nommée Adélaïde, et Eudes, chef de la
maison d'Aquitaine après Robert le Fort son père,

abstraction faite de Gui, duc de Spolète, que Foulques, archevêque de Reims, et sa faction, mirent un instant sur les rangs, Dieu sait pourquoi, à moins de quelque bâtardise par Charlemagne.

Que Eudes fut reconnu roi, parce que *le Simple*, né posthume d'Adélaïde épousée avant la mort d'Ansgarde, première femme répudiée du Bègue, fut considéré comme illégitime, ainsi qu'il l'avait déjà été à la mort de Louis III, auquel succéda Charles le Gros.

Que le même *Simple*, ayant obtenu quelques avantages, la raison tirée de son illégitimité fléchit, selon l'usage de ce bas monde, de sorte que le royaume fut divisé en deux parties, l'une pour Eudes, comprenant le midi jusque la Loire, et notamment *l'Aquitaine* (remarquez ce mot); l'autre pour Charles, c'est à savoir, le nord jusqu'à la Somme.

Qu'après la mort du roi Eudes, Robert, son frère, devint roi au même titre, Arnoul, fils unique d'Eudes, étant mort avant ou peu après son père; et qu'ayant été tué dans une bataille contre ledit Charles, sans laisser d'autres héritiers que des enfants en bas âge, celui-ci l'emporta et régna seul.

Que Charles le Simple étant mort, le vice de son illégitimité reprit tellement de force, que la couronne fut offerte à Hugues le Grand ou l'abbé, fils du roi Robert, puis, sur son refus, à Raoul, duc de Bourgogue, son beau-frère, issu de la même race, bien que d'une autre ligne, et, chose notable dont nous avons la clef, celui-là même qui le suivait dans l'ordre généalogique.

Qu'après Raoul, le parti du *Simple* se réveilla, fortement soutenu par le roi d'Angleterre, dont ledit *Simple* avait épousé la fille Ogive, et, d'accord avec Hugues le Grand, toujours déterminé à ne pas vouloir du diadème (exemple rare, renouvelé, *dit-on*, naguère, mais pas avec le même succès, heureusement pour ceux qui *zéros* étant, sont, moyennant une *queue* faite, devenus de beaux et bons *neuf*), fit, disons-nous, reconnaître Louis d'Outremer, fils de Charles, rappelé d'Angleterre à cet effet.

Que Louis d'Outremer ayant cessé de vivre, son fils Lothaire lui succéda toujours avec l'appui du même duc Hugues.

Que Louis V, *qui nihil fecit*, remplaça Lothaire, son père.

Qu'à la mort sans enfants de Louis V, parut enfin Hugues surnommé *Chapet*, dit un moderne, parce que, abbé laïque de Saint-Martin de Tours, il endossait parfois *la chape* de ce grand saint, patron des Gaules, et cependant plutôt *Capet*, non vu sa grosse tête, comme on l'a cru spirituellement, mais parce qu'il était le chef de sa maison (*caput*) : en preuve de quoi nous signalerons un fait jusqu'à présent inaperçu, savoir, que Hugues, dit *le Noir*, 3e frère de Raoul, duc de Bourgogne, puis roi, ayant succédé à ce dernier, au duché de Bourgogne après la mort d'Othon son précédent frère, et étant devenu *chef* de sa ligne, fut aussi surnommé *Capet*. (*Voy*. la chronique de Verdun, *apud Labbe*, Bibl. tom. 1, p. 124, où se lisent ces mots : *Hugonem* Capit, *qui fuit dux inferioris Burgundiæ*, etc., qui malheureusement, tendent à détruire encore une de nos facéties contemporaines, *Hugues le chef* étant bien moins joli que le *Hugues Capet*, auteur du citoyen *Capet*). •

Qu'ayant repris en mains les droits de sa ligne, il prétendit que l'illégitimité de Charles le Simple, qui, déjà reconnue deux fois, avait vicié l'élection de Louis d'Outremer, de Lothaire et de Louis V, pesait également sur Charles duc de Lorraine, seul fils alors existant de Louis d'Outremer, et dès lors oncle de Louis V, joint à ce que ( faible raison) il était hommager de l'empire germanique ; enfin et conséquemment, que puisque la descendance légitime de la première branche royale avait cessé dans la personne de Charles le Gros, c'était à lui, chef de la seconde, qu'appartenait la couronne.

Qu'il fut entendu, parce qu'il parlait haut, ayant une bonne lame au côté, et devint non-seulement roi (assemblée de Noyon, année 987), mais encore roi d'autant plus *légitime*, que ses seuls compétiteurs, Charles de Lorraine et ses deux fils, moururent tous de son vivant, sans laisser de postérité masculine, toutes choses dont il résulte que, durant cette période, il y eut, non pas *mutation*, mais *oscillation*, jusqu'au moment où le balancier se fixa comme de droit.

En un mot, que la morale de cet éclaircissement historique sur la famille de Robert le Fort, dont l'origine, longtemps cherchée par de plus habiles que nous, et trouvée enfin, j'ose le dire, nous induirait peut-être en gloire si Dieu n'avait pas voulu que la science dût à un enfant la découverte du télescope, est que nous autres Français modernes, nous sommes vraiment plaisants quand nous nous y mettons : ce qui, du reste, vaut un peu mieux que d'être atroce. Quoi de plus divertissant en effet que *l'usurpation de la troisième dynastie ;* et si l'on *se désopile* dans l'autre monde, les seigneurs *nationaux* d'alors, dix fois plus forts collectivement que le plus puissant d'entre eux, ne doivent-ils pas s'en donner à cœur joie, en se voyant convaincus par nos savants d'avoir reconnu pour rois Eudes, Robert son frère, Hugues-*Capet*, et Raoul avant ce dernier, bien qu'issus *d'étrangers* obscurs ou non, et qui plus est usurpateurs? S'il était question d'une époque sans doute imaginaire, où dès qu'il aurait trouvé sa belle, tout individu *né* (condition de rigueur) pourrait être intronisé de prime saut, à la faveur des *quoique*, des *parce que* et autres gentillesses grammaticales, jointe à l'insertion dans les *papiers* de la devise métallique *attribuée* au roi Pharamond (*unus omnium votis*), le tout sans que les *Compatriotes*, c'est à savoir les *Patriotes avec* s'y opposassent, et que les *Frères* s'en formalisassent : à la bonne heure. Mais aux ixe et xe siècles! Il est vrai que ces siècles-là étaient furieusement arriérés.

*Tertia nota.* Comme il ne faut rien oublier, j'espère qu'à raison des choses incluses en ce dernier *Post-scriptum*, nul ne m'accusera ni d'être un aérostat gonflé de gaz hydrogène, attendu entre autres motifs, qu'à tout prendre, je passerais encore plus facilement par le trou d'une aiguille que le chameau de l'Écriture; ni de vouloir enfourcher l'arc-en-ciel, vu que depuis feu Cirano (de Bergerac), l'art de se hisser dans la lune est adiré, chose regrettable, au surplus, l'air devant être bon là-haut, abstraction faite du bel air que, sur le *dada* dont s'agit, pourrait avoir un cavalier. Dans le cas contraire, qu'il me soit permis de répondre, que non-seulement j'aurais pu, mais aussi que je pourrais, séance tenante, en dérouler beaucoup plus long. A qui me suis-je arrêté en effet?

à Saint-Arnoul bisaïeul de Charles-Martel, ce me semble. Eh bien! quelque patient que Dieu m'ait fait, qu'on me laisse tranquille avec Charlemagne, ou, preuves en main, sur ma parole, je desserre-rai le père du susdit Saint-Arnoul, que j'ai *l'avan-tage de connaître particulièrement,* son aïeul, son bisaïeul, son troisième aïeul, etc., qui n'étaient pas des *sénateurs romains,* comme on l'a *drolati-quement* imprimé; et si je n'obtiens pas encore paix, je pousserai très - sérieusement jusqu'au frère de Mérovée II, fils d'un premier Mérovée *(filius Merovei)*; puis, sauf les degrés qui *nous pas-sent* et dès lors ont été passés, jusqu'au bon vieux roi Dardanus, par un autre chemin, pourtant, que l'abbé Trithème et consorts. Qui sait même? peut-être, l'historien Josèphe aidant, remonterai-je à celui des fils de Noé qu'on prénomine *Japhet* et non *Gomer* (les érudits m'entendront), après lequel, il est vrai, je serai contraint et forcé de cheminer avec Moïse. Je sais qu'à ce dernier mot les rieurs qui se rappellent un peu leur Racine, vont me jeter au nez, non pas,

Avocat, ah! passons au....

mais, avocat, ah! ne dépassons pas le... déluge. En ce cas je répondrai sur l'air de *Richard Cœur de Lion :*

...... C'est bien, fort bien;

puis encore, afin de ne pas être en reste :

Cela ne nous blesse en rien,

sans toutefois ajouter que *je pense comme Gré-goire*, le *Bachique* n'étant guère mon fait. Si les choses en demeurent là, tout sera fini ; dans l'hypothèse opposée, il nous sera permis, sans doute, de changer de note. Or, à ce propos, je dirai que les belles choses précitées, jointes à plusieurs autres vieilleries qui, découvertes par moi, étaient avant comme n'étant pas :

Et les faits qu'on ignore<br>
Sont bien peu différents des faits non avenus,

(J.-B. Rousseau.)

savoir, par exemple, *l'origine* des ducs héréditaires d'Aquitaine, des comtes de Barcelone, de Carcassonne, etc. ; celle des anciens comtes héréditaires d'Angoulême, des sires de Lusignan, rois de Jérusalem ; des anciens vicomtes d'Aunay, etc., des premiers ducs de Bourgogne, des comtes héréditaires de Toulouse, etc., etc, sont colloquées en bon ordre dans un gros et grave manuscrit, inédit en attendant qu'on l'édite, s'il est jamais édité ; que dans ce dernier cas, tenant parole, comme je m'en flatte, le *volumen* pourrait bien occasionner un assez notable *remue-ménage* dans *l'historique* de notre histoire, non moins que dans le *théorique*; enfin, et ce faisant, faire appliquer le vieux dicton : *Rira bien qui rira le dernier.*

Quoi qu'il en soit, voici le titre de l'œuvre en question, qui, je l'avoue, serait mieux placé en tête d'un livre qu'en queue d'un autre.

CHRONOLOGIE ABRÉGÉE

## DES TROIS DYNASTIES,

comprenant,

AVEC DES CONSIDÉRATIONS NOUVELLES SUR L'ORIGINE DES FRANCS,

L'ÉTYMOLOGIE DE LEUR NOM, ET NOS PREMIERS ROIS CONNUS,

LA VÉRITABLE EXTRACTION DE SAINT-ARNOUL,

AUTEUR DE LA LIGNÉE CARLIENNE,

celle de

ROBERT LE FORT, COMTE D'ANJOU, ETC.,

ET CONSÉQUEMMENT DE LA DYNASTIE DITE CAPÉTIENNE, ETC., ETC.;

*Le tout accompagné de preuves.*

*Observation essentielle.* M. le typographe est prié de veiller à ce qu'après *gros,* dans une des phrases précédentes, le compositeur ne mette pas *gras* pour *grave,* attendu qu'il en résulterait un assemblage aussi malsonnant que malséant. Ceux qui regarderaient cet avertissement comme minutieux, sont invités à se procurer le bulletin du bibliophile que publie le libraire Techener (n° 2, 3ᵉ série). Là ils verront dans un article de M. Charles Nodier, dont le nom seul est un éloge, combien de malheurs publics et privés ont eu pour cause une misérable faute d'impression : témoin, entre autres, l'excellent abbé Martini, qui, par le seul déplacement d'une sienne virgule, fut transformé en homme abominable, et perdit sa bonne abbaye *d'Asello* en Calabre. Ajoutez que l'abbé *désabbaytisé* ayant, en guise de consolation, improvisé ce monostique :

*Pro solo puncto, caruit Martinus Asello,*

nous autres Français, toujours *Athéniens*, nous l'avons traduit en ces termes : *Faute d'un point, Martin perdit son âne ;* de sorte que la maudite virgule a encore fait, comme cause première, qu'une abbaye vénérable, et qui peut-être même suivait la docte règle de Saint-Benoît, a été prise pour l'animal le plus stupide !

> Notre magot prit, pour le coup,
> Le nom d'un port pour un nom d'homme.
>
> ( LA FONTAINE. )

*Quarta nota.* Le paysan et l'ouvrier ont toujours été aimés dans notre famille, ainsi que dans beaucoup d'autres : en preuve de quoi, notez feu mon père, ancien officier général, non moins grand *bâtisseur* que *défricheur*, son frère, *idem*, *idem* ; puis, avec mention d'un germain nôtre, nous-même, qui, étant venu après les *démolisseurs*, avons dû également bâtir (quinze croisées de face

6.

aux champs, par exemple), sans compter plusieurs menus travaux d'espèces diverses, dont mes laborieux voisins *intrà muros* peuvent savoir quelque petite chose. La raison en est que nous considérons les producteurs et les metteurs en œuvre comme une des bases fondamentales... Mais peste soit de l'exorde! Je voulais préparer un peu ma riposte à certaine oraison qui, par ricochet, est venue jeter une grosse pierre brute dans mon beau jardin héraldique; et ne voilà-t-il pas que je tombe sous la suspicion de vouloir aussi débiter en façon de *laudanum*, ce bon élixir de *laudandum*, comme dirait Panurge, que tant de *candidats* peu candides, coulent dans l'oreille de l'*électeur*, moi, qui, tête archi-dure quant à la compréhension du *représentatif*, n'ai jamais voulu ni élire ni être élu, bien que payant encore le cens, malgré le *ôte-toi de là que je m'y mette;* moi, qui même dans aucun temps n'ai aspiré à l'honneur d'être admis dans l'*arche* où, non loin de M. Tripier et autres *seigneuries*, siégeait M. le comte de *Noé!*

Quoi qu'il en puisse être, oui, certes, j'aime ceux dont les sueurs alimentent ou vivifient la société, sans oublier les précieux auxiliaires qui, le casque de papier en tête et toujours *alignant* leur noir bataillon de *lettres moulées*, nous prêtent une puissante assistance pour conquérir le temple de mémoire. Toutefois c'est naturellement, à part, d'ailleurs, telle concession menteuse que ce soit. Ils sont, comme je l'exprimais ci-dessus, une des bases fondamentales de l'édifice; mais parbleu! dans un clocher, tout n'est ni ne peut être coq et cloche; le vrai de la thèse gît en ce que, sans les bons murs qui les soutiennent, le coq et les cloches ne resteraient pas longtemps en l'air, ajoutant, par contre, que sans le coq et les cloches, il n'y a pas de clocher; or, n'est-ce rien que cela dans la hiérarchie monumentale, lorsque surtout il n'existe pas un bloc informe qui, façonné, ne puisse devenir à son tour chapiteau, corniche, architrave? Cela dit, je viens à mon fait.

Toute l'Europe sait qu'un honorable industriel qui, sans *qu'on lui ait fait voir un million de chandelles,* heureusement pour lui, a su tirer plusieurs millions de ses gras cylindres à mèche, s'est écrié avec une véhémence aussi impossible à décrire que les transports des populations empressées : Je n'ai pas d'ancêtres, je suis le fils de mes œuvres; je suis un ouvrier moi! etc., et que maintes congratulations ont suivi. Cependant, quel sens ont ces ronflantes paroles?

Le *pas d'ancêtres* signifie-t-il qu'on n'a eu physiquement ni père, ni mère, ni grand-père, etc., et qu'on est de ceux que, selon la légende, *le Diable* FAIT *en volant?* Mais apparemment il n'y a

pas trop de quoi se vanter. C'est cela qui réellement *pue au nez* ou, si l'on veut, *fait mal au
cœur.*

. . . . . . . . . . . . . . . . . . . . . . . . . . . . . . . . . . ..
*Unde fit ut malim fraterculus esse Gigantum.*
(Juvénal.)

Le *fils de mes œuvres* exprime-t-il que, moralement parlant, on ne reconnaît pour générateurs
que l'industrie exercée, y compris ses éléments
intrinsèques? Mais, dans l'espèce, la fabrication
des chandelles naît du suif; le suif provient du
bœuf; le bœuf se tire du pré; le pré doit son
existence au fumier.... Or, est-ce bien la peine
de renier ses ascendants naturels, car enfin un
chacun en a, sauf pourtant les FAITS précités, et
de dénier ceux des autres pour une généalogie
semblable?

Quant au superbe *je suis ouvrier moi!* comment
trouvez-vous un ouvrier millionnaire, roulant
carrosse à son plaisir, portant chemises de fine
batiste avec jabot, et tous les matins se faisant
la barbe avec un *savon Windsor* à la rose première
qualité? O que ces choses-là, et bien d'autres
*ejusdem farinœ*, sont insultantes pour ceux à qui
elles s'adressent! *Guillot* n'eût pas osé en dire le
quart à ses moutons.

Au surplus, à propos de la précédente fanfaronnade à rebours, je vais immatriculer ici une légère considération historique propre à montrer que les généalogies peuvent quelquefois servir à quelque chose.

Si nos bons amis les Anglais venaient à se remémorer que, par divers ricochets féminins, leur jeune et très-gracieuse reine représente la fameuse Éléonore d'Aquitaine; s'ils considéraient également que l'arrêt de confiscation dont Philippe-Auguste et son parlement frappèrent Jean *sans Terre*, roi d'Angleterre, duc effectif d'Aquitaine, etc., ne fut pas des plus réguliers; si enfin, remettant le pied dans le pays Toulousain, et prévalant derechef contre *la bonne épée*, ils s'avisaient de s'écrier : L'Aquitaine est à nous *jure consanguinitatis*, Louis-Philippe I<sup>er</sup>, roi des Français, grâce au vote patriotique de 221 législateurs omnipotents, vrais *Calchas* en ce qu'ils ont deviné le vœu réel de 32 millions d'âmes, n'aurait absolument rien à répondre, sinon peut-être : Nous allons voir à qui l'enjeu restera; à moins que la reconnaissance d'une *reconnaissance* ne dictât un benin propos. Si, au contraire, le chef, non pas de la branche aînée (terme impropre), mais de la maison constamment royale de France, depuis mille ans et plus, se trouvait là par circonstance, on pourrait entendre quelques paroles équipolentes à celles-ci, supposé, toutefois, qu'alors *Majesté* de fait comme de droit, le susdit prince eût trouvé bon de consulter un peu le *manuscrit* de son très-humble et très-dévoué sujet : Un instant, messieurs, un instant. Vous provenez d'Éléonore : j'en suis fort aise; mais je proviens, moi, de Louis VIII, surnommé *le Jeune*. Or, à double titre, l'Aquitaine appartenant à *lui* et non à *elle*, m'appartient. En doutez-vous? Eh bien! sachez d'abord généralement :

Que Saint-Guillaume, duc d'Aquitaine, était le frère aîné d'Adelelme I<sup>er</sup>, auteur de votre Éléonore;

Qu'à l'extinction des rejetons mâles de ce dernier, c'était l'héritier du même Saint-Guillaume qui, *jure proprio*, succédait à la duché, terre *salique*;

Qu'à la mort du père d'Éléonore, cet héritier se trouva être le roi sus-mentionné;

Que je suis le sien aujourd'hui; d'où suit que, etc. Sachez ensuite plus spécialement :

Que Eudes, fils de Robert le Fort, fils d'un fils puîné de Saint-Guillaume, duc d'Aquitaine, fut lui-même duc de cette province après la défaillance de ses aînés;

Que devenu roi, il *donna* la duché à Ranulfe II, petit-fils de Bernard I<sup>er</sup>, fils aîné du précédent Adelelme, frère puîné de son trisaïeul;

Qu'à défaut d'hoir mâle, la *donation* retournait à l'héritier du *donateur*;

Que, dans le cas ci-dessus marqué, Louis VIII était l'héritier en question et qu'il le fut;

Enfin, que c'est toujours moi qui suis l'ayant cause de ce dernier; de telle sorte qu'en ma personne se rencontre encore un motif en vertu duquel je suis vrai duc d'Aquitaine, motif qui, ajouté à l'autre, fait deux.

Vous m'opposerez, peut-être, que Louis VIII croyait autre chose, puisqu'il *restitua* l'Aquitaine à la même dame Éléonore, sa femme, répudiée pour cause, dit-on; sans doute, mais il vous sera riposté, que si mon aïeul, un peu trop *jeune*, avait su ce que sait certain explorateur de vieilles chroniques (lequel, par parenthèse, s'estime un peu notre petit cousin, ne réclamant, d'ailleurs, pour apanage, qu'une raisonnable quantité d'air et d'espace), ou seulement avait écouté l'abbé Suger, son conseiller, il vous eût remis une bonne somme pour la dot de *mademoiselle* d'Aquitaine, et eût retenu la duché. Maintenant, si vous n'êtes pas satisfaits, faites gronder votre gros canon; nous tâcherons de vous répondre, Dieu et la France aidant; de toutes manières, jamais le droit ne fut ni ne sera pour vous.

Ainsi donc ajouterai-je à la belle prosopopée qu'on vient de lire : Si les savants d'alors avaient connu ce qu'un *indocte* a récemment découvert, pas de *Prince Noir* chez nous; pas de bataille de

Poitiers qui nous a coûté un des nôtres ; pas de bataille d'Azincour, etc., etc., *bone Deus !* Par suite de quoi, conformément à la *majeure*, les généalogies et les légitimités ne sont pas toujours inutiles. Qu'il soit bien entendu pourtant, à cause du vent qui souffle dans les septième et neuvième mois de l'année, que je ne conseille à personne, ni l'étude des unes, ni l'usage des autres, sachant parfaitement, du reste, que, sans être *médecins malgré nous*, nous avons *changé tout cela.*

*Ultima nota.* J'ose espérer également qu'à raison de son importance, on voudra bien me passer le dernier mot ci-ajouté.

Cousins archicadets de Charlemagne et de Robert le Fort, nous ne devons guère compter sur l'éventualité du *nécessaire* ou du *présomptif,* avant quelques milliers d'années , si toutefois la fin du monde n'y met obstacle, multipliant, d'ailleurs, par 2, quant à la chance du *tour légal.* Cependant... cependant... Béelzebuth est bien retors... les cousins ne sont pas toujours bons cousins...Mais que nos aînés dorment sans craintes ; pleins de respect pour la hiérarchie, NOUS ATTENDRONS. Signé *ut suprà.*

FINIS.

---

*Post-finem.* Hélas! ambitieux humains que nous sommes ! la connaissance du passé ne suffit pas à

notre activité dévorante ; témoin la science astro-
logique. Cette question *contingente* : Que *dira* le
collectif on ? (supposé toujours que ce redouté
seigneur daigne lire ) pourra donc bien être faite,
préalablement à la possibilité physique de tout
*dire* quelconque ; or, ayant prévu le cas, et sachant, de plus, qu'on ne saurait y satisfaire sans
connaître un peu la *cabale*, je suis allé le sou-
mettre au docteur *Agrippa* II, mon voisin, dont
l'oreille est tellement fine qu'il entend avant la
parole. C'est un homme assez obligeant ; aussi
a-t-il bien voulu me révéler les arrêts futurs qui
vont suivre, pour, à telle fin que de raison, servir
à qui appartiendra.

*Sur l'opuscule.* — Le genre dit facétieux produit
l'effet des *restaurations* sur le cœur de certains
personnages. *Au cabinet, au cabinet* — de l'héraldique ! de l'historique ! et mêmement du juridique !
mais c'est ennuyeux à la mort. D'ailleurs, en matière *d'ancêtres*, est-ce que aujourd'hui on en a d'autres que son père ? et ma foi tout au plus encore !
— Il fallait se tenir aussi écarté du sérieux que du
badin, au risque d'avoir l'*anti-facial* par terre
entre deux selles. Vive le *juste milieu !* — En fait
de *vers*, je n'aime que ceux qu'on met au bout
d'une ligne pour amorcer le goujon — O que la
prose française est monotone ! — O que les *clas-
siques* sont usés depuis les superbes harangues de

la tribune nationale ! — Quel désordre ! — Quelle satanée combinaison ! — Laisser-aller insoutenable ! — Affectation prétentieuse ! — On n'y comprend rien — Ce n'est que trop clair — Ta, ta, ta, ta, ta, ta, *tarte à la crème ! tarte à la crème !* c'est Molière qui, je crois, l'a dit, etc., etc.

*Sur l'auteur.* — Oui — non — si — mais — car — au demeurant — pas du tout — d'ailleurs , etc., etc.

Que si à la première question il s'en venait joindre une seconde à l'effet *contingent* aussi de *présavoir* les contre-raisons de la partie intéressée; oh! alors il serait directement répondu qu'elle répondra d'abord par ce distique :

A tous ces beaux discours j'étais comme une pierre,
Ou comme la statue est au festin de Pierre;

ensuite, par cet unique plaidoyer, faute de mieux :

.................. Le meunier répartit :
Je suis âne, il est vrai, j'en conviens, je l'avoue.
Mais que dorénavant on me blâme, on me loué,
Qu'on dise quelque chose ou qu'on ne dise rien,
J'en veux faire à ma tête. Il le fit, et fit bien.

Mais à propos, si, à cette question d'un autre sujet à longues oreilles,

Me fera-t-on porter double bât, double charge?

le *vieillard*, prophète alors, eût, au lieu de *non pas*, répondu *oui*, notre *paillard* eût-il répliqué

Sauvez-vous et me laissez paître?